BILDER DES LICHTS

IKONEN

Drs. Désirée M. D. Krikhaar
Drs. Joost Heutink
Aus dem Niederländischen von Volker Joseph Jordan M. A.

Bilder des Lichts – Ikonen

Würzburg: Verlag „Der Christliche Osten“ GmbH
ISBN 978-3-927894-43-3

Drs. Désirée M. D. Krikhaar
Drs. Joost Heutink
Aus dem Niederländischen von Volker Joseph Jordan M. A.

Bilder des Lichts – Ikonen

1. deutsche Auflage 2007

Herausgeber: Verlag „Der Christliche Osten“ GmbH
Schriftleitung: P. Dr. Gregor Hohmann OSA, Dietmar Süssner, Grabenberg 2 a, D-97070 Würzburg

Für die niederländische Ausgabe: Beelden van het Licht – Ikonen

Umschlagentwurf und Buchausstattung: Bas Mazur
Fotografie: Ikonenmuseum Kampen

Umschlagillustration: Ikone Gottesmutter der Zärtlichkeit (S. 194)
Illustration auf der gegenüberliegenden Seite: Doppelseitiges Prozessionskreuz, Russland (Jaroslavl’), 17. Jahrhundert

BILDER DES LICHTS
IKONEN

Drs. Désirée M. D. Krikhaar
Drs. Joost Heutink

Aus dem Niederländischen von Volker Joseph Jordan M. A.

Aus der Sammlung der Alexander-Stiftung für russisch-orthodoxe Kunst

VORWORT

Um eine Ikonensammlung aus Privatbesitz für die Zukunft sicherzustellen und sie einem breiteren Publikum zugänglich zu machen, ist vor einigen Jahren in den Niederlanden die Alexander-Stiftung für russisch-orthodoxe Kunst gegründet worden. Die Alexander-Stiftung hat sich die Förderung der russisch-orthodoxen Kunst und die Liebe zu ihr, insbesondere durch russische Ikonen, zum Ziel gesetzt.
Als die Alexander-Stiftung 2004 erstmals mit einer Ausstellung an die Öffentlichkeit trat und hiermit ein Teil der Sammlung erstmals gezeigt wurde, stellten die vielen positiven Reaktionen einen Anlass dar, um nach einer dauerhaften Bleibe für die Ikonen zu suchen. So entstand der Gedanke, die Sammlung in einem Museum unterzubringen.
Die Gelegenheit zur Gründung eines Ikonenmuseums tat sich auf, als in der Innenstadt von Kampen ein größeres Bauwerk bezogen werden konnte. Dieses Gebäude ist inzwischen nach Durchführung weitreichender Restaurierungsmaßnahmen als Museum geeignet. Die Ikonen hängen nach thematischer Einteilung in zehn Ausstellungsräumen.

Das Buch *Bilder des Lichts* vermittelt einen Eindruck von den Museumsexponaten und folgt der thematischen Gliederung des Museums: Ikonen von Christus, Engeln, Festtagen, Propheten, Heiligen und der Gottesmutter. Beim Erscheinen dieses Buches möchte ich meinen Dank an Désirée Krikhaar und Joost Heutink bezeugen, die ihre Sachkenntnis in diesem Buch auf treffliche Weise in Worte gekleidet haben.

Gerne möchte ich Sie als Leser einladen, diesen *Bildern des Lichts* im Ikonenmuseum Kampen persönlich zu begegnen!

Helmich Heutink
Vorsitzender der Alexander-Stiftung für russisch-orthodoxe Kunst

EINFÜHRUNG

Das Wort „Ikone“ entwickelt sich in der westlichen Welt allmählich zu einem geläufigen Begriff. In den Medien und in der Computersprache kommt der Ausdruck „Ikone“ oder „Icon“ häufig vor. Im ersten Fall ist damit ein nahezu unnachahmliches Vorbild gemeint, eine Person, die als Galionsfigur einer Generation oder Gruppe betrachtet werden kann. Im zweiten Fall geht es um eine Illustration, durch die eine komplizierte Materie ohne Worte bildlich dargestellt wird.
In beiden Fällen verbirgt sich in der Bedeutung noch etwas von dem alten Begriff Ikone.
Eine Ikone – abgeleitet von dem griechischen Wort eikoon (εἰκών), das buchstäblich „Bild“ bedeutet – hat im Zusammenhang dieses Buches die Bedeutung eines heiligen Bildes, das mit der christlichen Kirche des Ostens verbunden ist. Von der ursprünglichen Sprache her erklärt sich zugleich auch die Schreibweise als „Ikone“.
Eine Definition des Begriffs „Ikone“ ist hier sicherlich angebracht.
Ikonen sind zweidimensionale Bilder von Christus, der Gottesmutter, den Engeln und Heiligen und der Feste der Kirche, die gemäß festgelegten und von der Kirche approbierten Vorschriften aus Materialien angefertigt wurden, die von Gott gegeben worden sind. Durch diese Ikonen ist der, die oder das Dargestellte greifbar gegenwärtig und der Gläubige steht dem Heiligen oder dem Fest Auge in Auge gegenüber.
Die Ikone ist also sicherlich keine Abbildung, durch die der Gläubige über das Gebet zu dem Abgebildeten hinkommt. Im Gegenteil: Beim Gebet vor der Ikone steht der Gläubige Auge in Auge dem Heiligen, das durch die Ikone körperlich gegenwärtig ist, gegenüber. Einfacher ausgedrückt: Die Ikone ist das Heilige.
Diese Herangehensweise, dic in der westlichen Kirche nicht oder kaum so erfahren und praktiziert wird, macht die Ikone und das Erleben der Ikone so einzigartig.

Eine kurze Geschichte der Entwicklung des Bildes unter Bezugnahme auf Ikonen

Im Laufe der Jahrhunderte sind die Menschen immer visuell eingestellt gewesen. Die ersten Ausdrucksformen von „Kunst“ oder „Kommunikation“ sind die weithin bekannten prähistorischen Höhlenmalereien. Die kunsthistorische Entwicklung geht von zweidimensionalen Zeichnungen und Malereien langsam zu dreidimensionalen Bildern über. Im klassischen Altertum sind die schönsten Bilder von Göttern und Helden angefertigt worden, die eine gewisse Verehrung genossen. In den Tempeln der Griechen und der Römer sind die Götterbilder nicht nur kunstfertige Ausdrucksformen talentierter Bildhauer, sondern gerade und vor allem die bildlich dargestellte Schönheit und Kraft jener Götter, die von den Bürgern mit Festen, Spielen und

Opfern buchstäblich in die Blumen und die Opfergaben hineingelegt werden. Als Gegenleistung erwarten die großzügigen Spender die Erhörung eines Gebets um die Heilung einer Krankheit, die Erfüllung eines Kinderwunsches, Hilfe beim Besiegen eines Feindes, fruchtbare Böden und gute Ernten, lukrativen Handel und eine bewahrte, sichere Rückkehr derer, die, aus welchem Grunde auch immer, länger außer Haus waren.
Wenn in der Anfangsphase des Christentums die ersten Christen zusammenkommen, um ihren Glauben zu bekennen, so tun sie dies vor allem durch das Gebet. In Antiochien, wo die Nachfolger der Apostel erstmals „Christen" genannt wurden, versammeln sie sich insgeheim, um auf die Verkündigung der Frohen Botschaft durch die Apostel zu hören. Auch in Rom findet das Christentum seinen Ausdruck an Orten, die nicht für jeden zugänglich sind, wie in Hauskirchen und in den Katakomben. Das Christentum ist anfänglich eine Religion der Sprache und Bücher. Die Äußerungen des noch jungen Glaubens nehmen ja vornehmlich die Form von Wort und Schrift an. Das Bild wird anfänglich vermieden, weil es noch zu sehr an die heidnischen Gewohnheiten der Bilderverehrung erinnert. Allerdings gebrauchen die Christen symbolische Erkennungsmerkmale wie Fische, Palmenzweige, Weinreben mit Weintrauben und Vögel wie die Taube oder den Pfau. Die Eingeweihten wissen genau, welchen Inhalt sie diesen Zeichen zu geben haben. So ist der Fisch nicht allein eine Illustration des Wunders, bei dem fünf Brote und zwei Fische hinreichend Nahrung für 7000 Menschen bieten. Der Fisch ist wie kein anderes das Symbol für Christus. Das griechische Wort „Ichthys" (ἰχϑῦς-Ἰησοῦς Χριστὸς Θεοῦ Υἱός Σωτῆρ) ist eine Abkürzung der Worte „Jesus Christus, Gottes Sohn, Erretter". Jeder, der dieser neuen Religion angehört, kennt diese Bedeutung. Eucharistische Symbole sind in der Weinrebe, an der die Traube wächst, die den Hauptbestandteil des Weines bildet, des Symbols für das Blut Christi, wiederzufinden. Der Pfau steht für das ewige Leben, aber auch dafür, dass Gott alles sieht, wenn der Vogel mit seinem vieläugigen Prunkschwanz ein Rad schlägt. Die Taube symbolisiert den Heiligen Geist. Palmenzweige sind als Zeichen des Martyriums den ersten Märtyrern zuerkannt worden.
Doch damit das Christentum bestehen kann, sind nun einmal Bilder notwendig. Die ersten christlichen Bilder erscheinen im zweiten Jahrhundert, beispielsweise in den unterirdischen Friedhöfen Roms, den Katakomben. Dort sind Wände und Decken mit Malereien versehen, die häufig die Erlösung bildlich darstellen. Die Verstorbenen hoffen ja schließlich alle, nach ihrem Tod wieder zum Leben auferweckt zu werden. Sehr beliebt sind daher beispielsweise die Illustrationen zu den Texten über Jona im Walfisch, der nach drei Tagen durch das Seeungeheuer wieder lebendig ausgespuckt wird, die Auferweckung des Lazarus, der nach drei Tagen von den Toten auferweckt wird, aber auch von Daniel in der Löwengrube, den das Böse – in Gestalt der Löwen – nichts anhaben kann. Der manchmal Flöte spielende Hirte ist häufig vertreten: Der Hirte, der das verlorene Schaf auf seine Schultern nimmt und zur Herde und zum Schafstall zurückbringt, stellt eine

passende Symbolik für Christus als den Guten Hirten dar. Auf den Sarkophagen der Verstorbenen kommen dieselben Bilder vor.
In der „Übergangszeit“ zwischen der heidnischen Bildtradition und der christlichen Bildtradition wird deutlich, dass Szenen aus der römischen Mythologie ohne größere Anpassung in die neue Religion übernommen werden können. Die Trauben pflückenden und zertretenden Putti oder Eroten, die den Wein für die Bacchanalien zur Ehre des Gottes Dionysos bzw. Bacchus bereiten, werden jetzt als Engel interpretiert, die den Wein für die Eucharistie bereiten. Und der Hirte mit seinen Schafen, dem Ursprung nach ein orphisches Hirtenbild, wird folglich zu einem Synonym für Christus. Trinkende Tauben am Rande einer zierlichen Schale mit Wasser, von sich schlingenden Reben umgeben, werden zum Symbol für das überfließende und Leben schenkende Wasser. Der Hirsch, das einzige von Natur aus – nämlich mit einem Geweih – gekrönte Tier, wird mit den Texten in den Psalmen verknüpft und mit Christus als König, der durch seine göttliche Herkunft von Natur aus gekrönt ist, in Zusammenhang gebracht.
Der Sonnengott Helios bzw. Sol mit seinem großen Strahlenkranz ist übergangslos zum Licht, zu Christus selbst, geworden. Das Bild des Zeus bzw. Jupiter kann das Bild Christi werden. Auch das römische Geburtsfest der unbesiegbaren Sonne – Natalis Solis Invicti –, das zum Zeitpunkt der Wintersonnenwende gefeiert wird, wird zum Fest der Geburt Christi: Christfest bzw. Weihnachten.

Diese wenigen Beispiele veranschaulichen einen nahezu nahtlosen Übergang von der heidnischen Bildersprache zur christlichen. Die kirchliche Autorität ist damit allerdings nicht glücklich. Man fürchtet sich vor der Rückkehr zu den Götzenbildern und der heidnischen Verehrung jener Bilder.
Ein kirchliches Verbot der Anfertigung von Bildern kann denn auch kaum ausbleiben. Auf dem Konzil von Elvira (Südspanien) im Jahre 306 wird die Verehrung und Anbetung des Bildes verboten und ein völliges Bilderverbot erlassen.

Kaum zehn Jahre später gewährt Kaiser Konstantin der Große mit dem bekannten Toleranzedikt von Mailand aus dem Jahr 313 den Christen die Religionsfreiheit. Die Christenverfolgungen unter seinen Vorgängern finden ein Ende, und der Glaube darf öffentlich und ungehindert bekannt werden. Dies bringt eine große Belebung in der christlichen Kunst mit sich. Märtyrergräber dürfen ohne Zurückhaltung besucht werden, und die Reliquien der Märtyrer dürfen verehrt werden. Das Heilige Land mit seinen für Christen besonders verehrenswerten Stätten wird zu einem beliebten Ziel für Pilgerreisen. Die Pilger sind die Nachahmer der Kaiserin Helena, der Mutter Kaiser Konstantins, die von ihrem Sohn nach Jerusalem gesandt worden war, um dort nach dem „wahren“ Kreuz Christi zu suchen. Sie hat das Kreuz nach Rom mitgenommen, zusammen mit einigen anderen Reliquien; es wurde dort in der Kirche Santa Croce in Gerusalemme aufgestellt. Ein Stückchen vom „wahren“ Kreuz, das auch das Leben schenkende Kreuz genannt wird, wird zur begehrenswertesten Reliquie. Pilger nehmen von den besuchten Stätten und von den Gräbern der Heiligen auch gerne ein Andenken mit nach Hause. Die christliche Bildtradition kommt jetzt erst richtig in Gang. Die Distanz zum Heidentum ist durch die fortgeschrittene Zeit hinlänglich gewährleistet, und die Kirche hat nach ihrer Anerkennung durch Konstantin den Großen auch keine direkte Angst mehr, dass Gläubige von heidnischen Kultpraktiken angezogen werden könnten. Kleine Souvenirs werden angefertigt, wie beispielsweise kleine Kreuze in allerlei Formen und Maßen ohne Dekoration, aber auch mit dem gekreuzigten Christus oder der betenden Gottesmutter oder mit Heiligen. Außerdem stellt man Behälter mit den Bildern der Heiligen, deren Reliquien darin enthalten sind, her; Ampullen, in denen Öl oder heiliges Wasser mitgenommen werden kann und auf denen dann der Herkunftsort abgebildet ist; Jordanwasser in einer Ampulle mit der Taufe Christi im Jordan, oder kleine Fläschchen mit der Himmelfahrt Christi, in denen Öl vom Ölberg enthalten ist, von dem aus Christus in den Himmel auffuhr.

Das Bild ist nunmehr akzeptiert und kann sich voll und ganz entfalten. Es zeigt sich, dass für die Ikonographie der christlichen Bilder doch noch die vertrauten, traditionellen Szenen gebraucht werden, wobei auch die Bedeutung der alten Tradition in einer neuen Form präsentiert wird.
Vom Kaiserkult her sind die Bilder der Kaiser bekannt, die in Tempeln und öffentlichen Gebäuden einen festen Platz gehabt haben. Ein solches öffentliches Gebäude ist beispielsweise die Basilika, wo der Kaiser Recht spricht, wo er Reden halten kann, wo er verehrt wird und wo auch wirtschaftliche und gesellschaftliche Sachen abgehandelt werden. Die Christen übernehmen die Bauform der Basilika für ihren Kult. Die halbrunde Apsis, einst der Ort des Kaisers, wird die Stätte für das Allerheiligste. Der Altar ist der Thron Christi. Durch die Wandgemälde und Ikonen ist Christus selbst gegenwärtig, ebenso wie einst der sterbliche Kaiser. Das Gewand des Kaisers, das purpurrote Colobium – eine Art Mantel – mit den goldenen Clavi – den zwei breiten Vertikalstreifen, die das Gewand der römischen Senatoren zieren – wird zum Gewand des Allerhöchsten. Auf alten Ikonen, beispielsweise der Kreuzigung, wird Christus im roten, langen königlichen Gewand dargestellt, um das später gewürfelt werden sollte. Wenn Christus als Lehrer abgebildet wird, trägt er die Tunika und die Toga der römischen Redner und Philosophen. Außerdem trägt Christus ein Buch und er hält seine Hand in der Form eines Segensgestus, der ursprünglich der Rede- und Schweigegestus jener Redner war.

Ebenso wie die Darstellung des Königs der Könige dem Kaiserkult entlehnt ist, sind auch die Ikonographien verschiedener Feste auf die römische Tradition zurückzuführen.
Ein schönes Beispiel dafür ist die Geburtsikone, auf der Christus den Apokryphen zufolge in einem Bad gewaschen wird. Auf Mosaiken der Geburt des Gottes Dionysos wird dieser Gott nach seiner Geburt ebenfalls von Wassernymphen in einer Wanne untergetaucht. Diese Wassernymphen haben nackte Arme, ebenso wie auch die beiden Hebammen, die Christus gewaschen haben.
Die Himmelfahrt Christi, die ihn inmitten von Engeln zeigt, die ihn in den Himmel hinausführen, ist eine Art „Bildübersetzung" der Apotheose oder Vergöttlichung der Kaiser. Wenn der sterbliche römische Kaiser sein irdisches Leben beendet hat, wird er auf dem Rücken einer geflügelten Figur in das Götterreich transportiert. Der Text, der im Neuen Testament über die Himmelfahrt Christi aufgezeichnet ist, kann ohne komplizierte Anpassungen durch diese klassische Apotheose bildlich dargestellt werden.
Die Engel, die jetzt als geflügelte Wesen bekannt sind, sind nicht nur christlich. In verschiedenen Religionen kommt der geflügelte Gesandte vor, der die Verbindung zwischen der Götterwelt und der Menschenwelt aufrecht erhält. Und eine nicht zu vergessende Funktion des geflügelten Gesandten ist die Begleitung der Seelen der Verstorbenen ins Jenseits, wie bei den Ägyptern. Bei den Christen ist der Erzengel Michael der Seelenbegleiter. Der Bote, die wörtliche Übersetzung des griechischen Wortes angelos (ἄγγελος), fliegt durch die Luft und benötigt deshalb Flügel wie ein Vogel. In der frühchristlichen Zeit aber werden die Flügel der Engel ängstlich weggelassen, weil sie ansonsten doch zu sehr an jene heidnischen Boten erinnern. In den Wandmosaiken des Schiffes und auf dem Triumphbogen der Kirche Santa Maria Maggiore in Rom – nach 431 – sind die göttlichen Boten tatsächlich flügellos dargestellt. So überbringt eine in Weiß gehüllte Figur der Gottesmutter die Botschaft, dass sie die Mutter des Sohnes Gottes werden soll. Aber auch die drei Boten, die im Buch Genesis kommen, um Abraham und Sarah die Geburt ihres Sohnes Isaak anzukündigen, sind hier flügellos.
Dennoch werden die Flügel den Engeln schließlich wieder hinzugefügt, weil die physischen Transportprobleme ohne die Hilfe von Flügeln unüberwindlich wären, denn alles, was fliegt, hat ja Flügel.

Ebenso wie im Bild von Christus und den Engeln vorchristliche Ikonographien übernommen und angepasst worden sind, gilt dies auch für das Bild der Gottesmutter. Sie ist die unsterbliche Kaiserin, die Königin des Himmels. Ihr Bild basiert auf den vorchristlichen Muttergöttinnenbildern und den dazugehörigen Fruchtbarkeitskulten. Die Mutter, die auf reine Weise ein Kind gebiert, kommt in verschiedenen Religionen vor. Denken wir an die ägyptische Göttin Isis, die dem Horusknaben das Leben schenkt. Sie wird mit einem Kind auf ihrem Schoß abgebildet, während sie ihm die Brust gibt. Die Ikone der Gottesmutter, die das

Christuskind stillt („Die Stillende“, griech.: Galaktotrophusa), ist ein regelrecht hiervon abgeleitetes Bild. Eine beeindruckende Ähnlichkeit ist auch in den Bildern der Göttin Tyche wahrzunehmen, einer Frau mit einem kleinen, knabenhaften Kind und manchmal einem großen Füllhorn auf dem Arm. Diese Ikonographie ist direkt in der Ikone der Gottesmutter mit dem Kind auf dem Arm wiederzufinden.
Auch die Göttin Artemis, die in Ephesus ihr Kultzentrum hat, findet ihre „Nachfolgerin“ in der Mutter Gottes, von der man vermutet, dass sie zusammen mit dem Apostel und Evangelisten in dieser Stadt gewohnt habe. Natürlich erhält der Inhalt in diesen Beispielen eine andere Bedeutung, aber das dazugehörige Bild scheint sich kaum verändert zu haben.

Der Streit um das Bild

Das Konzil von Nizäa

Die Entwicklung der Ikone aus der vor- und frühchristlichen Bildtradition ist jedoch nicht widerstandslos abgelaufen. Als Kaiser Konstantin den Plan gefasst hat, seine Residenz von Rom in das in seinem Reich zentraler gelegene Byzanz zu verlegen – das nach der offiziellen Einweihung den Namen des Gründers Konstantinopel bekommt –, beruft er im Jahre 325 ein Konzil ein, das als das Erste Ökumenische Konzil von Nizäa (in der heutigen Türkei) in die Geschichte eingehen wird. Rund 200 Bischöfe und Geistliche aus dem niederen Klerus nehmen an der allgemeinen Kirchenversammlung teil, auf der für den Fortgang der noch jungen Kirche wichtige Beschlüsse gefasst werden. So wird dogmatisch festgelegt, dass Christus sowohl Gott als auch Mensch ist, das erste Glaubensbekenntnis wird festgestellt, und die Dreieinigkeit von Vater, Sohn und Heiligem Geist definiert. Vor allem Letzteres hat großen Einfluss auf die Ikonenmaler ausgeübt. Vater, Sohn und Heiliger Geist sind vollkommen eins und unteilbar und untrennbar und haben infolgedessen dasselbe Äußere. Aus dieser Auffassung heraus ist in der Bildung einer Vorstellung von der Dreieinigkeit eine Verbindung mit der Geschichte in der Genesis entstanden, wo Gott in der Gestalt dreier Boten Abraham und Sarah ihren Sohn Isaak ankündigt. Weil die drei von Abraham als einer und als drei angesprochen werden, ist dies für die späteren Kirchenväter ein unumstößlicher Beweis, dass Gott sich als die Boten in drei identischen Gestalten dem Menschen geoffenbart hat (Gen 18,1-15).

Das Konzil von Ephesus

Im Jahre 431 findet in Ephesus das Dritte Ökumenische Konzil statt, bei dem die Mutter Gottes im Mittelpunkt steht. Anlass für das Konzil ist unter anderem ein Konflikt in Konstantinopel, bei dem der Metropolit der Schwester des Kaisers den Zugang zum Allerheiligsten verwehrt. Dem fügt er hinzu, dass Frauen in den Fußstapfen Evas, die mit der Erbsünde belastet war, in der Kirche eigentlich unerwünscht seien. Die Schwester des Kaisers fasst diesen Ausschluss nicht allein als eine Beleidigung ihrer selbst und aller Frauen auf, sondern vor allem auch als eine schwerwiegende Kränkung der Mutter Gottes. Also beruft sie im Jahr 431 ein Konzil in Ephesus ein, damit sie rehabilitiert werden kann. Dieser Ort ist, angesichts der großen Popularität der Göttin Artemis, deren Tempel in Ephesus zu den sieben Weltwundern gerechnet wird, nicht willkürlich gewählt worden. An ihre Stelle ist nun eine neue und viel erhabenere Frau getreten, nämlich die Mutter Gottes. Sie erhält diesen Namen zur Unterscheidung von all den anderen Mädchen mit dem Namen Maria oder einer Variante davon. Und weil im Jahre 325 die Einheit von Vater und Sohn per Konzilsbeschluss festgelegt worden ist, ist die Mutter des Sohnes Gottes der Mutter Gottes gleich. Dieser Titel wird sie in der gesamten östlich-orthodoxen Kirche fortwährend zieren, und auf Ikonen fehlt dieser außergewöhnlich hoch verehrende Titel niemals.

Die Kraft des Bildes

Im siebten Jahrhundert gerät die Welt wegen einer neuen Religion, dem Islam, in helle Aufregung. Hier und da und Stück für Stück versuchen die Anhänger des Islams Land zu erobern. Die tiefgläubigen christlichen Byzantiner vertrauen völlig auf die Hilfe von oben. Ikonen Christi, der Gottesmutter und der immer beliebter werdenden Soldatenheiligen werden auf das Schlachtfeld mitgeführt. Auch werden die Ikonen in der Hoffnung, dass der Heilige den Feind abrücken lassen würde, auf die Stadtmauern gestellt oder über Stadttore gehängt. Die Gottesmutter erweist sich als eine ausgezeichnete Feldherrin, die nicht nur jetzt die Eindringlinge in die Flucht schlägt, sondern dies auch noch jahrhundertelang weiter tun wird. Nicht umsonst bemühen sich angreifende Truppen, sich so schnell wie möglich der Schutzikonen einer Stadt zu bemächtigen, weil sie dadurch die Kampfmoral der verteidigenden Soldaten brechen können.

Der Ikonoklasmus

Der byzantinische Kaiser und eine nicht unansehnliche Gruppe kirchlicher Würdenträger schätzen das große Gottvertrauen nicht immer besonders. Es müsse gekämpft werden, um das Land, die Religion und die Ideale zu verteidigen, und nicht nur gebetet, in der Hoffnung, dass der Heilige schon einschreiten werde. Auch sind die Würdenträger nicht immer sonderlich von der großen Verehrung angetan, welche den Ikonen und nicht den darauf Dargestellten zuteil wird. Das Klima ist für eine Verurteilung des Bildes reif, und der Ikonoklasmus wird im Jahre 726 zur Tatsache. Die Christusikone über der Pforte des Großen Pa-

lastes in Konstantinopel verschwindet unter den Bilderstürmern. Die Verehrung des Bildes wird namentlich aufgrund des zweiten Gebots der Zehn Gebote verboten, des Verbotes der Anfertigung von Bildern. Von den Bilderstürmern wird als Argument angeführt, dass die Tatsache, dass Tafelikonen dem Holzwurm, Mosaike und Wandmalereien jeweils der Feuchtigkeit oder Trockenheit zum Opfer fallen, doch nicht gerade von göttlicher Macht zeugt: Wenn das Bild wirklich so stark ist, sollte es sich dann nicht selbst beschützen können? Außerdem hat noch niemand jemals Gott gesehen, wie kann man dann ein Bildnis von ihm machen? Und wie kann leblose Materie das göttliche Leben wiedergeben? Das Göttliche ist doch nicht zu fassen, wie auf dem Konzil von Chalkedon im Jahre 451 festgestellt worden ist. Christus ist vollkommen Mensch und vollkommen Gott, nicht zu trennen, nicht zu teilen, nicht zu vermischen, nicht zu verändern und folglich auch nicht abzubilden, weil jede Wesensgleichheit von ihm mit dem Bild unmöglich ist.
Die Befürworter der Bilderverehrung führen dagegen an, dass die sichtbare und die unsichtbare Welt einander gleich sind und dass Gott den Menschen nach seinem Bilde und Gleichnis erschaffen hat. Gott gleicht also dem Menschen. Im Johannesevangelium heißt es ausdrücklich: „Und das Wort wurde Fleisch und wohnte unter uns“ (Joh 1,14). Gegen die Ikonen wird das zweite Gebot angeführt: „Du sollst dir kein Schnitzbild machen, noch irgendein Abbild von dem, was droben im Himmel oder auf der Erde unten oder im Wasser unter der Erde ist“ (2. Mose 20,4). Aber ... das zweite Gebot gilt nur für das dreidimensionale Bild, nicht für die glatte Fläche, so lautet die Verteidigung der Ikonenverehrer.

Ein starkes Argument für die Ikonenverehrung liefern zwei tiefverwurzelte Legenden. Christus hat ja selbst sein Antlitz auf einem Tuch dem kranken König Abgar von Edessa geschenkt, der beim Anschauen des wahren Antlitzes Christi sogleich geheilt wird. Hieraus ist die Ikone des „Nicht von Menschenhand geschaffenen Bildnisses Unseres Herrn Jesus Christus auf dem Tuch“ entstanden, die kurz als das Mandylion bezeichnet wird. Die Ikone wird auch „Acheiropoietos“ – nicht von Händen gemacht – genannt. Auch die Mutter Gottes selbst hat ihr Porträt den Menschen geschenkt. Sie posiert für den Evangelisten Lukas, der die erste Ikone von ihr „schreibt“. Dass Lukas als der Maler der Mutter Gottes angesehen wird, ist nicht so verwunderlich: Er schreibt von den vier Evangelisten am ausführlichsten über sie. In seinen Texten „malt“ er so ein Bild von ihr. Bis auf den heutigen Tag werden die Ikonenmaler nach dem Vorbild des Lukas „Ikonenschreiber“ genannt. Viele Gottesmutterikonen werden Lukas zugeschrieben, obwohl diese frühestens aus dem fünften oder sechsten Jahrhundert stammen. Selbst die berühmte Gottesmutterikone Vladimirskaja, ihrem Ursprung nach eine byzantinische Ikone aus dem zwölften Jahrhundert, die nach Russland gekommen ist und dort als das Palladium der russisch-orthodoxen Gläubigen vielfach übermalt wurde, soll Lukas selbst angefertigt haben!

Einen großen Beitrag zur Überwindung des Ikonoklasmus hat der Mönch und Kirchenlehrer Johannes von Damaskus (ca. 675–749) geliefert. Er schrieb seine „Drei Reden an die Schmäher der heiligen Ikonen". Eines der Argumente für die Bilderverehrung ist ihm zufolge die Tatsache, dass das Bildnis des Kaisers dem Kaiser gleich ist. Wenn dann das Bild des Königs dem König gleich ist, dann ist das Bild Christi Christus gleich, und das Bild des Heiligen dem Heiligen gleich.

Der Ikonenstreit hat mit einer Unterbrechung von 787 bis 810 insgesamt bis 843 angedauert.

Im Jahre 787 wird in Nizäa wiederum ein Konzil abgehalten, das Siebte Ökumenische Konzil, auf dem viele Lehrsätze zugespitzt und bekräftigt wurden. Neben dem endgültigen Text des Glaubensbekenntnisses wird auch in Bezug auf die Bilderverehrung vieles festgelegt: Bedingungen für das Anfertigen des Bildnisses Gottes, aber auch die äußerlichen Erscheinungsformen von Heiligen. Danach scheint der Bilderstreit vorbei zu sein, aber dennoch entbrannte er um 810 wieder kurz, um im Jahre 843 endgültig zugunsten der Ikonenverehrer geschlichtet zu werden. Die byzantinische Kaiserin Theodora bringt dann als erste die Gottesmutterikone Hodegetria in den Altar der Hagia Sophia in Konstantinopel und stellt damit die Bildertradition wieder her. In der Apsis der Kirche wird das Mosaik der thronenden Gottesmutter, das während des Ikonoklasmus durch ein Kreuz ersetzt worden war, wieder angebracht. Diese Gottesmutterikone in der Apsis wird das Vorbild für alle Kirchen, die hiernach gebaut werden. Auch die Christusikone in der Kuppel wird zu einem festen Bestandteil und nimmt seither in jeder orthodoxen Kirche ihren Platz ein.

Kurze Übersicht der Entwicklung der Ikonen in Russland

Die Christianisierung Russlands

Der Überlieferung zufolge hat sich der Apostel Andreas, nachdem er beim Pfingstfest den Heiligen Geist empfangen hatte, auf die Reise nach Konstantinopel begeben, um dort die Frohe Botschaft zu verkündigen. Anschließend reiste er mit dem Schiff über das Schwarze Meer nach Kiev. Dort hat er dem Vernehmen nach angelegt und auf einem der Hügel ein Kreuz aufgestellt. Später ist an diesem Ort eine Kirche gebaut worden, die dem Apostel geweiht ist. Für diese erste Christianisierung der Kiever Rus' gibt es allerdings keinen einzigen Beweis. Allerdings ist bekannt, dass, bedingt durch Handelskontakte mit dem christlichen Byzanz, schon vor der offiziellen Christianisierung im Jahre 988 Christen unter den Kiever Rus' wohnten. Auch Missionsbemühungen im 9. Jahrhundert von Bulgarien und Böhmen aus sind in den schriftlichen Quellen aufgezeichnet.

Die Fürstin Olga (ca. 890–969) hegt bereits große Sympathie für das Christentum und lässt sich im Jahre 957 in der Hagia Sophia in Konstantinopel taufen. Sie nimmt Geistliche aus Konstantinopel mit, welche

den Christen in ihrer Stadt dienen sollen. Ihr Sohn und Nachfolger ist ein überzeugter Heide, und alles, was seine Mutter erwirkt hat, wird innerhalb kurzer Zeit ungeschehen gemacht. Ihr Enkelsohn Vladimir jedoch, der anfänglich ebenfalls ein Verehrer vieler Götter und ein Liebhaber vieler Frauen war, ist derjenige, welcher das Christentum zur Staatsreligion macht. Der direkte Anlass zu diese Christianisierung ist die Heirat des deutschen Kaisers Otto II. mit der byzantinischen Prinzessin Theophano, durch die das Band zwischen den beiden Reichen gestärkt wird. Vladimir ersucht den byzantinischen Kaiser Basilios II., dessen Schwester Anna heiraten zu dürfen. Durch eine Heirat könnten auch diese beiden Reiche aneinandergeschmiedet werden. Dies beeinflusst die politischen Beziehungen und die Handelsbeziehungen der Kiever Rus' mit Konstantinopel in günstiger Weise. Der christliche Kaiser will seine Schwester aber nicht einem Polytheisten überlassen und verlangt eine Bekehrung zum rechten Glauben. Großfürst Vladimir schickt Gesandte in verschiedene Länder, um die Religionen an Ort und Stelle zu untersuchen; so steht es in der berühmten „Chronik der vergangenen Jahre" geschrieben. Diese ist um das Jahr 1111 im Kiever Höhlenkloster geschrieben worden und wird nach einem der Schreiber auch die Nestorchronik genannt. Die Gesandten sind in die deutschen Länder gereist, wo sie überhaupt keine Schönheit im Gottesdienst antreffen. Auch bei den moslemischen Wolga-Bulgaren finden sie nicht das, was sie suchen. Alles ist dort freudlos und ohne jede Fröhlichkeit. In der Kirche in Konstantinopel dagegen erscheint es den Gesandten so, als ob der Himmel auf die Erde herabgekommen sei. Sie werden durch den großen Prunk und durch den herrlichen Engelgesang ergriffen. Bei ihrer Rückkehr nach Kiev erzählen sie von ihren Erfahrungen und untermauern ihren Bericht mit einigen liturgischen Gegenständen, die sie mitgebracht haben.
Großfürst Vladimir spricht der Bericht sehr an, unter anderem auch die Beschreibung der göttlichen Macht, die der byzantinische Kaiser als Stellvertreter Gottes auf Erden besitzt.
Vladimir lässt sich zusammen mit seinem ganzen Volk taufen. Als Zeitpunkt für diese kollektive Bekehrung gilt das Jahr 988. Alle russischen Fürstentümer werden unter seine Macht gebracht. Lokale heidnische Kulte werden in einer monotheistischen Staatsreligion gebündelt. Der alte russische Donnergott Perun wird zu Elias, der in seinem feurigen Wagen zum Himmel aufsteigt, der Sonnengott Dasbog wird zu Christus, der Handelsgott Stribog wird zum heiligen Nikolaus. So bekommen alle heidnischen Götter ihr christliches Äquivalent. Das Fest des Geburtsgottes Rod-Rožanicy zur Wintersonnenwende wird zum Fest der Geburt Christi.

Die Stadt Kiev, welche die neue Braut Vladimirs empfängt, muss ein passendes Äußeres bekommen. Deshalb werden Architekten, Mosaikkünstler und Maler aus Konstantinopel herbeigerufen, um Kirchen zu bauen und diese in der rechten Weise mit Mosaiken, Wandmalereien und Ikonen auszustatten.

Byzantinische Architekten bauen von 989 bis 996 die erste Kirche, die Zehntenkirche. Diese folgt dem für die Byzantiner vertrauten und bewährten Schema der Kreuzkuppelkirche mit einer zentralen, großen Kuppel (Symbol für Christus) und vier kleineren Kuppeln (Symbole für die vier Evangelisten). In der Kuppel befindet sich das Bild von Christus Pantokrator, in der Apsis die Darstellung der Mutter Gottes. Diese Kirche ist 1240 von den Mongolen dem Erdboden gleichgemacht worden, aber die große Sophienkathedrale von 1037 steht noch in vollem Glanz in Kiev. Auch diese ist nach einem byzantinischen Grundriss erbaut worden und von byzantinischen Künstlern mit Mosaiken versehen worden. Die ersten byzantinischen Kirchen auf dem Territorium der Kiever Rus' werden zum Vorbild für alle russischen Kirchen, die danach errichtet werden. Die Darstellungen auf den Mosaiken und die Malereien werden als Prototypen immer wieder kopiert. In Kiev sind es die Byzantiner, die russische Schüler ausbilden. Der erste russische Maler soll der Mönch Alimpij aus dem Kiever Höhlenkloster gewesen sein. Aber es ist nichts, was von seiner Hand stammt, erhalten geblieben. Auch von einem Georgij, dem Namen eines Künstlers, der in der Sophienkathedrale unter der Anleitung der Byzantiner gearbeitet hat, ist nicht bekannt, was von ihm stammt.
Die Ikonen mit allen byzantinischen Heiligen und Festen und die Bücher, welche die Prinzessin und die vielen „Immigranten“ aus Konstantinopel mitbringen, sind ebenso auch die Urbilder der russischen Ikonen und Manuskripte geworden. Die Texte sind anfänglich noch in griechischer Sprache geschrieben, denn die byzantinischen Künstler sind der slawischen Sprache nicht mächtig. Als die Russen selbstständig zu arbeiten beginnen, erscheint die kirchenslawische Sprache in den Büchern und in Aufschriften auf Ikonen oder Wandmalereien. Die Namenszeichen von Christus und der Mutter Gottes sind allerdings so sehr mit dem Bild verschmolzen, dass diese kanonisch geworden sind und nic übersetzt werden dürfen. Bei Christus ist bis auf den heutigen Tag IC XC für Jesus Christus und im Kreuznimbus "O ΩN“ für: „Der da ist, der Seiende“ zu lesen, und bei der Mutter Gottes steht immer ihre Abkürzung „**MP ΘY**” für: "Mutter Gottes".

Der Legende nach soll die Ikone der Gottesmutter Vladimirskaja, die heute in der Kirche bei der Tret'jakov-Galerie in Moskau ihren Platz erhalten hat, von Prinzessin Anna als Teil ihrer Mitgift zur Kiever Rus' mitgebracht worden sein. Die Ikone datiert allerdings aus dem zwölften Jahrhundert und ist höchstwahrscheinlich von einer Namensschwester Prinzessin Annas mitgebracht worden, die ebenfalls einen russischen Fürsten geheiratet hat. Zweifelsohne ist die Ikone der ersteren Anna mit der Vladimirskaja vergleichbar gewesen und jede russische Gottesmutterikone hat ihre Wurzeln in dieser oder einer anderen byzantinischen Ur-Ikone. Die Blütephase Kievs wurde mehrmals durch Angriffe feindlicher Truppen unterbrochen. Weil der Fürst von Suzdal' 1169 und die Mongolen 1240 ihre Spuren hinterlassen haben, sind aus der frühchristlichen Zeit in Süd-

russland nicht viele Zeugnisse erhalten geblieben. Kleine Kreuze und schöne (importierte) Kleinodien sind bei archäologischen Ausgrabungen zwar ans Licht gekommen, aber große Ikonen sind kaum überliefert.
Die erste rein russische Ikone, die in der Kiever Rus' entstanden ist, ist die von Boris und Gleb. Sie sind Söhne von Großfürst Vladimir, der 1015 gestorben ist, und einer bulgarischen Prinzessin. Nach damals vorherrschender Sitte sollte das Land, das unter der Verwaltung Vladimirs war, unter seinen vielen Söhnen verteilt werden. Um die Landstücke jedoch so groß wie möglich zu halten, liefern sich die Brüder untereinander einen blutigen Streit. Boris und Gleb sterben durch die Hand eines Bruders und sind damit zu Märtyrern oder „Leidensduldern" auf russischem Boden geworden. Sie werden beinahe unmittelbar nach dem Tod heiliggesprochen und werden von da an auf Ikonen dargestellt.
Die Orthodoxie in Russland ist somit nunmehr Wirklichkeit geworden. Auch im Norden ist der christliche Glaube auf fruchtbaren Boden gefallen. In Novgorod wird, ebenso wie in Konstantinopel und Kiev, eine Sophienkirche mit allen bekannten Merkmalen der byzantinischen Architektur gebaut, allerdings sind hier keine Mosaiken anzutreffen. Diese bleiben in Russland auf Kiev beschränkt. Durch die günstige Lage in Bezug auf Deutschland, Polen und Litauen unterhält die Stadt Novgorod viele Handelskontakte mit dem Westen; dadurch sind die westlichen Einflüsse groß, aber nie vorherrschend. Der Stil der Ikonen in Novgorod ist durch Klarheit und Übersichtlichkeit gekennzeichnet. Typisch ist der Gebrauch von Architektur und Landschaft, mit dem die Figuren im Vordergrund der Ikone betont werden sollen. Auch der Farbgebrauch ist spezifisch, mit Betonung verschiedener Farbnuancen von Rot, Ockergelb und Grün. Ein anderer Aspekt in den Novgoroder Ikonen ist die Vorliebe für „Historienmalerien" wie das berühmte Beispiel von der Ikone des Kampfes zwischen Novgorod und Suzdal' zeigt, der durch das Einschreiten der Mutter Gottes zugunsten von Novgorod entschieden wird.

In Novgorod entwickelt sich dann auch die Ikonostase, die Bilderwand, die Trennwand zwischen dem Raum der Gläubigen und dem Altarraum. In der byzantinischen Tradition bildet ein niedriges Holzgerüst, das so genannte Templon (vom griechischen Verb τέμνω – abschneiden, absondern), diese Abtrennung. Im Buch Exodus 26,26-34 steht bereits eine derartige Beschreibung einer Abtrennung, hinter welche die Bundeslade gestellt werden kann. Zwischen den verschiedenen Tafelbildern dieses Holzgerüstes stehen Säulen, die einen Architrav tragen, hinter denen sich ein Vorhang befindet. Dieser Vorhang ist geschlossen und wird zu besonderen Augenblicken während der Liturgie in der Mitte geöffnet, sodass der Priester das Evangelienbuch und die Opfergaben den Gläubigen zeigen kann. Auf dem Holzgerüst befinden sich die Ikonen wichtiger Heiliger und der großen Feste. Die Anzahl der Ikonen nimmt jedoch im Laufe der Zeit zu, und eine einzelne Reihe

mit Ikonen ist nicht mehr ausreichend. Die Ikonen werden „gestapelt", und daraus bildet sich eine Wand mit Ikonen, die nach einer bestimmten Ordnung über- und nebeneinander angeordnet werden.
Einer der größten „russischen" Ikonenmaler hat in Novgorod gewirkt: Feofan Grek (Theophanes der Grieche; ca. 1135–1405/15), einer der klassischen Meistermaler der Welt, aus Konstantinopel stammend. Als die Bedrohung durch die vorrückenden Türken immer größer wird, verlässt er Byzanz. Er zieht am Schwarzen Meer entlang und kommt über Serbien und Mazedonien nach Novgorod und Moskau, wo er Aufträge von Fürsten, kirchlichen Würdenträgern und vornehmen Bürgern erhält. Sein Biograph Epiphanij Premudrij berichtet, dass er Manuskripte, Ikonen und Wandmalereien ohne jedes Vorbild anfertigt. Nebenbei unterhält er sich mit seinen Schülern und weiht sie in die Theologie ein.
Die Christus-Erlöser-Kirche in Novgorod ist 1378 von Theophanes dem Griechen mit Wandmalereien versehen worden. Hier geht er zwar von seinem byzantinischen Hintergrund aus, aber durch den Farbgebrauch und die Anpassung an die Umstände im russischen Norden und durch den Gebrauch kirchenslawischer Bildtexte werden die Malereien als ein genuin russisches Produkt betrachtet. Ein griechischer Maler ist also einer der Begründer der russischen Malerei. Sein berühmtester Schüler ist der Mönch und Maler Andrej Rublëv (ca. 1360–1430). Sein Name wird erstmals im Jahre 1405 bei der Bemalung der Verkündigungskathedrale im Moskauer Kreml zusammen mit dem von Feofan genannt.

Die Macht verschiebt sich in das Gebiet um Moskau

Andrej Bogoljubskij („der von Gott Geliebte", 1111–1174), Teilfürst von Vladimir-Suzdal', geht nach dem Tode seines Vaters, des Großfürsten von Kiev, in den Süden, um die Macht zu übernehmen. Mit der Gottesmutterikone Vladimirskaja kehrt er in den immer wichtiger werdenden Norden zurück. Der Legende zufolge bestimmt die Mutter Gottes, dass sie in Vladimir und nicht in Suzdal' eine Kirche wünscht, die ihrem Entschlafen geweiht ist. Sie erscheint dem Fürsten nämlich 1158 bei dem Dörfchen Bogoljubovo, wo die Residenz des Fürsten angelegt wird. Inzwischen wird in Vladimir die Kirche zu Ehren der Mutter Gottes gebaut. Hier nimmt die Ikone ihren Platz in der Kirche ein. Dieser Stadt verdankt sie ihren Namen „Vladimirskaja".
In der Kirche des Entschlafens wird Andrej Rublëv im Jahre 1408 sein „Jüngstes Gericht" malen, zusammen mit dem Maler Danil Čërnij (der Schwarze). In den Malereien weichen sie von den starren byzantinischen Vorbildern ab und malen das Jüngste Gericht nicht an die Westwand der Kirche, sondern an die Wände und auf die Gewölbe. Der Gläubige wird so gleichsam zu einem Teil jenes Jüngsten Gerichts. Die Heiligen, die beim Gericht freigesprochen und erlöst werden und auf den Weg ins Paradies gehen, scheinen sich wirklich zu bewegen, Faltenwürfe im – sogar zeitgenössischen – Gewand fallen geschmeidig um die Körper der Heiligen.

Sie sprechen miteinander und machen mitunter ausgelassene Gebärden. Für die Ikonostase in der Kirche fertigen die Maler mindestens fünfzehn Ikonen an, von denen heute noch fünf Festtagsikonen bekannt sind. Andrej Rublëv ist allerdings am besten durch seine Ikone von der Dreifaltigkeit des Alten Testaments bekannt, die er um das Jahr 1422 für die Ikonostase der Dreifaltigkeitskirche im Klosterkomplex von Sergiev Posad malt. In diesem Kloster, das 1345 von dem großen russischen Heiligen Sergij von Radonjež begründet wurde, fertigt er zusammen mit Danil Čërnij die Ikonen der Deesis-Reihe und der Festtagsreihe an. Die Dreifaltigkeitsikone weicht von allen zuvor gemalten Ikonen der Trinität ab. Abraham und Sarah werden weggelassen, die drei Engel sitzen am Tisch und sind von einem imaginären Kreis umgeben. Der Tisch ist nicht mit einer großen Menge Besteck und Kerzen, Kelchen, Brot, Gemüse und dergleichen gedeckt. Lediglich eine Schale mit dem Kopf eines Opfertieres steht auf dem Tisch im Mittelpunkt, und die Engel machen einen Segensgestus. Hier ist der Verweis auf die Eucharistie bildlich dargestellt, hier ist die Einheit vollkommen. Hier erhebt sich das Bild aus dem Wort, so wie Sergij die Tat dem Wort vorzieht.

Inzwischen ist auch Moskau zur Blüte gelangt und wird zum Zentrum der weltlichen und kirchlichen Autorität. Offiziell ist die Stadt im Jahre 1147 durch den Prinzen Jurij Dolgorukij (Joris mit den langen Armen) gegründet worden, aber erst unter Prinz Danil Aleksandrovič (1261–1303), dem Sohn des Großfürsten von Novgorod, Aleksander Nevskij, wird Moskau zur Residenzstadt. Sein Sohn Ivan Kalita (Johannes mit dem Geldbeutel) wird 1325 Großfürst von Moskau und bittet den Metropoliten von Vladimir, als „Bauherr" nach Moskau zu kommen. 1326 beginnt der Bau der Mariä-Entschlafens-Kathedrale am Moskauer Kreml. Auf dem Kreml entstehen die Kirchen nacheinander, werden wieder aufgebaut und vergrößert. Auch die Namen von Theophanes dem Griechen und Andrej Rublëv tauchen wieder auf. Sie arbeiten in verschiedenen Kirchen im Kreml.

In der Verkündigungskathedrale sind Feofan und Andrej für die Wandmalereien verantwortlich, die im Zuge des Wiederaufbaus der Kirche im Jahre 1484 verloren gegangen waren. Die Ikonen in der Ikonostase sind ebenfalls von ihrer Hand, stammen aber ursprünglich aus der Erzengelkathedrale an der gegenüberliegenden Seite des Kreml. Bevor diese Kirche umgebaut und mit neuen Ikonen ausgestattet wurde, sind die Ikonen von Feofan und seinen Schülern hinübergebracht worden. Im Stil der Ikonen sind immer noch byzantinische Spuren zu bemerken, aber inzwischen sind auch viele russische Stilelemente in der Ikonographie verankert. So besteht die Kleidung Johannes des Vorläufers auf den Ikonen von Feofan Grek aus dem klassischen Prophetengewand, einer langen Tunika mit einer darüber gelegten losen Toga. Bei Andrej Rublëv erscheint Jo-

hannes mit einem Gewand aus Kamelhaar mit einem losen Mantel, wie in den Evangelientexten beschrieben (Matth 3,4; Mk 1,6). Bei Rublëv und allen Malern nach ihm ist Johannes der Vorläufer der raue und asketische Wüstenheilige.
Im Jahre 1453 erobern die Türken Konstantinopel. Damit endet die christliche, byzantinische Periode. Der Patriarch behält seine Residenz in Konstantinopel, aber der Fürst und der Metropolit von Moskau halten nur wenig davon, sich nach einem Patriarchen zu richten, der in einem nichtchristlichen Land residiert. Sie beschließen, sich selbst zu rechtmäßigen Nachfolgern des byzantinischen Kaisers und des Patriarchen zu ernennen. Mit Großfürst Ivan III., dem Großen (1462–1505), beginnt eine neue Episode in der russischen Geschichte. Das Band mit Konstantinopel wird zerrissen. Indem er im Jahre 1472 Sophia-Zoë Palaeologina heiratet, die Nichte des letzten byzantinischen Kaisers, wird Ivan III. als der neue Zar (Zar nach dem lateinischen Wort „Caesar" oder Kaiser) der Erbe eines neuen Weltreiches. Die große Zeit für Moskau bricht an. Moskau wird die Hauptstadt der christlichen Welt und das neue, dritte Rom.

Die Mariä-Entschlafens-Kathedrale als die „Nachfolgerin" der Hagia Sophia in Konstantinopel ist jetzt zu klein, und im Jahre 1472 wird mit dem Bau einer neuen Kirche unter der Leitung von Baumeistern aus Pskov begonnen. Der Bau verläuft nicht ganz nach Plan, denn die Kirche stürzt ein. Der italienische Architekt Aristoteles Fioraventi wird 1475 angeworben und soll nach dem Plan der Mariä-Entschlafens-Kirche in Vladimir eine neue Bleibe für die Mutter Gottes Vladimirskaja bauen. 1479 ist die Kirche fertig. Die Ikone wird überbracht und erhält bis zur Revolution ihre Residenz in der Hauptkirche des Reiches.
Die anderen Kirchen im Kreml werden ebenfalls vergrößert und „aufgewertet". Im Zuge dessen werden ausländische Architekten zurate gezogen, die alle die Bauwerke prägen. Die westlichen Einflüsse nahmen kein Ende. Auch in der Malerei, die jetzt nicht mehr durch Byzanz beeinflusst werden kann, ist deutlich zu sehen, dass man sich größere Freiheit nimmt. Einer der Exponenten der „neuen Kunst" ist der Ikonenmaler Dionisij (1430/40–1503/08). Er ist verheiratet und hat Kinder, von denen zwei Söhne mit ihm im Malereiberuf ausgebildet worden sind. Er stammt aus hochadligem Umfeld, denn unter seinen Ahnen kommen Prinzen und sogar ein Zarewitsch vor. Anfänglich gründet sich der Malstil von Dionisij auf dem von Rublëv, aber schon bald bemüht sich Dionisij um die Entwicklung eines eigenen Stils, in dem auch Ideologie und Politik einen Stellenwert bekommen. In seinen Ikonen sind manchmal Hinweise auf zeitgenössische Ereignisse wahrzunehmen. So sollte im Jahre 1492 die Welt untergehen. Im Jahre 5508 v. Chr. ist Adam geschaffen worden, und die Welt sollte eine Lebensdauer von 7000 Jahren haben. Um sich für die Zerstörung der Welt bereit zu halten, hat sich ein Teil der Bevölkerung bereits um 1492 in weiße Totenhemden gehüllt. Auf der berühmten Ikone

der Höllenfahrt Christi aus der Hand Dionisijs sind diese mit weißen Gewändern bekleideten Menschen in den Ecken der Unterwelt gemalt, um als erste nach Adam und Eva – die beide von Christus am Handgelenk ergriffen werden! – aus dieser Unterwelt befreit zu werden. Neue Ikonographien werden entwickelt.
Dionisij malt in lichten und hellen Farben; seine Rhythmik und Harmonie sind unübertroffen. Sein Stil wird von den Fürsten und der Kirche bewundert; die Aufträge strömen geradezu herein. Für die Mariä-Entschlafens-Kathedrale malt er die Ikonen der Moskauer Metropoliten Aleksej und Peter. Mit seinem Wanderatelier – einer Art Ikonenmalergemeinschaft – zieht Dionisij durch Russland, um Klöster und Kirchen mit Wandmalereien und Ikonen auszustatten.
Moskau steht eine große Katastrophe bevor: Im Jahre 1547 brennt die Stadt beinahe vollständig ab. Um der Hauptstadt der Welt so schnell wie möglich wieder das ihr würdige Aussehen zu verschaffen, wird Verstärkung aus dem Ausland geholt. Baumeister, Handwerker, Maler, Goldschmiede kommen unter anderem aus Flandern, Deutschland, England, Frankreich und Italien. Sie werden in den Rüstkammern des Kremls untergebacht, die als Lagerraum für Waffen, Schießpulver, Kutschen und Pferdegeschirr nicht mehr nötig sind. Die Feinde des russischen Reiches sind ja bereits zum Schweigen gebracht worden. Diese „Gastarbeiter" bringen ihr eigenes Kulturgut mit.
Das heißt, dass sie mit ihren Traditionen neben den ortsansässigen Arbeitern die Wiederaufbauarbeiten in der Stadt ausführen. So wird die Architektur deutlich westlich, Möbel erhalten westliche Formen, die westlichen Bücher und Atlanten werden kopiert, und so tauchen auch westliche Elemente in der Ikonenmalerei auf. Die räumliche Perspektive hält ihren Einzug, Barockelemente werden den Ikonen einverleibt, Alltagsszenen dienen als Hintergrund für die Heiligen und die Festtage. Sogar die Kleidung der Heiligen ist eindeutig westlich beeinflusst, und Realität und Emotion finden in den Ikonen einen Platz. Der Mischstil zwischen Ost und West hat seinen Einzug gehalten. Außerdem sind sich die Ikonenmaler nunmehr ihres Talents bewusst; sie signieren und datieren die Ikonen, ebenso, wie die westlichen Künstler ihre Kreationen mit einem Datum und ihrer Signatur versehen. Die kirchlichen Autoritäten sind mit dieser Wendung ganz gewiss nicht glücklich, und sie versuchen, mit dem Stoglav-Konzil (die Hundertkapitelsynode) von 1551 der Verweltlichung in der Religion Einhalt zu gebieten. Einer der Verhandlungspunkte des Konzils ist die Rückkehr zum Ursprung des (byzantinischen) Christentums, indem man die Ikonen vom Anfang wieder als Richtschnur nimmt. Der Ikonenmaler darf dem heiligen Bild „aus eigenem Klügeln heraus" nichts hinzufügen. Die Dreieinigkeitsikone von Rublëv wird als das große Vorbild herausgestellt. Dennoch werden jene „neuen" Ikonen von den Gläubigen und Verehrern im Allgemeinen als schön und attraktiv angesehen. Der Widerstand gegen die vorgeschlagene Rückkehr zu den alten Vorbildern wächst. Auch in theologischer Hinsicht nehmen die Dis-

kussionen zwischen Befürwortern und Gegnern der Neuerungen an Schärfe zu. Dies hat eine Trennung von der Kirche zur Folge.

Inzwischen hat das Großbürgertum Interesse an dem Besitz von Ikonen für den Privatgebrauch gefunden. In einem Atelier in einem der Schlösser der durch den Salz- und Pelzhandel reich gewordenen Familie Stroganov werden um 1600 im Privatauftrag Ikonen gemalt, die sich durch ästhetischen Genuss und einen besonderen Blick fürs Detail auszeichnen. Technisch gesehen sind diese Ikonen wahre Glanzstücke der Maler, die diese auch nicht selten signieren. Die Ikonen werden nicht nur besonders verfeinert gemalt, sondern sie werden auch mit – buchstäblich – glänzenden, kostbaren silbernen und goldenen Bekleidungen versehen, deren Edelsteine und Flussperlen manchmal nicht zu zählen sind. Die Bojaren gehen davon aus, dass der theologische Wert der Ikone am größten sein wird, wenn der ästhetische Wert ebenfalls groß ist. Diese Stilgruppe, die als Stroganovstil bezeichnet wird, erlebte eine kurze Blütezeit. Trotz nur etwa vierzig Jahren echter Produktivität übt der Stroganovstil großen Einfluss auf die Ikonen des 19. Jahrhunderts aus, die in einem vergleichbar verfeinerten Stil ausgeführt sind.

Die Rüstkammern des Kremls bleiben bestehen, und hier werden neue Ikonographien mit einer symbolischen, allegorischen oder historischen Bedeutung, aber auch mit mitunter kuriosen Titeln geboren: „Das Herz des Zaren ist in Gottes Hand", „die Wahl des Glaubens", „Die Gottesfurcht ist der Anfang der wahren Weisheit". Auch apokalyptische Bilder und Märtyrerszenen sind beliebt, etwas, was sicher auf die Schrecknisse zurückzuführen ist, denen das Land unter den Opričnina (Elitetruppen) Ivans IV., des Schrecklichen, der von 1533 bis 1584 regiert, ausgesetzt ist.
In die Regierungszeit von Boris Godunov (1598–1605) fällt die größte Blütephase der Rüstkammern, die in der „Zeit der Wirren" (1605–1613) vorübergehend aufhört, aber direkt nach dem Antritt der neuen Dynastie der Familie Romanov im Jahre 1613 wieder aufgebaut wird. Jeder, der sich als Ikonenmaler auch nur etwas über den Durchschnitt erhebt, wird nach Moskau beordert, um dort in den Ateliers, die auch unter dem Namen „Zarenwerkstätten" bekannt sind, beschäftigt zu werden. Manchmal werden sogar Kräfte aus anderen Städten vorübergehend nach Moskau geholt und nach erfolgter Dienstleistung von Seiten des Staates ausbezahlt und wieder weggeschickt.
Die Pracht und der Prunk der Rüstkammern sind beispiellos. Nicht allein Ikonen werden nach der „neuesten Mode" angefertigt, auch Juwelen werden für die Kunden aus dem aufsteigenden Dritten Stand angefertigt. Eine Expertenkommission beurteilt, ob eine Ikone „gut" ist.

Die Kirche lehnt den Realismus in der Ikonenkunst weiter ab und lässt sogar „schlechte" Ikonen begraben. Aber die Annäherung an Europa ist nicht aufzuhalten. Der Vater Peters des Großen, Aleksej Michailovič (1645–1676), begrüßt den Einfluss vom Westen her sogar ausdrücklich und hält die Tür zwischen Ost und West bewusst offen. Es wird dem Patriarchen nun wirklich zu viel. Er vernichtet die in seinen Augen westlichen Ikonen und ist damit einen Schritt zu weit gegangen. Die Ikone bleibt, wie auch immer, der Heilige und ein Heiliger wird nicht vernichtet. Der Patriarch wird seines Amtes enthoben und schließt seine Jahre in der Verbannung in einem Kloster im Norden Russlands ab.
Die Rüstkammern des Kremls stehen unter der Leitung eines Direktors; unter ihnen ist Simon Fëdorov Ušakov (1626–1686) der bekannteste. Er ist vom Ursprung her Kupferstecher. Ušakov arbeitet aber lieber als Maler und ist denn auch als Ikonenmaler berühmt geworden. Sein Beiname ist „der russische Raffael". Er malt mit einem ausgeklügelten Licht-Dunkel-Effekt und versucht das Göttliche so natürlich wie möglich abzubilden. So legt er die Grundlage für einen neuen Stil, in dem der Realismus fröhliche Urständ feiert.

In derselben Zeit wie die Rüstkammern entsteht in Kostroma, im Norden Moskaus, ein Atelier unter der Leitung von Gurij Nikitin und Sila Savin. Die Maler von Kostroma werden als die größten Wandmaler in der zweiten Hälfte des 16. Jahrhunderts angesehen (1660–1680), fertigen aber auch die schönsten Ikonen an. Gurij Nikitin malt Ikonen für den Privatgebrauch des Zaren und der Zarin, und er sorgt für schöne Geschenke für ausländische Fürsten. Sila Savin arbeitet in den Rüstkammern des Kremls unter Simon Ušakov.
Das Atelier arbeitet in ganz Zentralrussland und beeinflusst so die Ikonenmalerei in Jaroslavl' und Moskau. Die Maler zeigen die Welt durch die Augen des Bürgers des 17. Jahrhunderts. Sie zeigen nicht allein die höchsten Klassen der Gesellschaft, sondern gerade die „dritte Klasse", die Bauernbevölkerung, auf deren Schultern ein großer Teil des wirtschaftlichen Wohlstandes ruht. Christliche Erzählungen werden zu alltäglichen Ereignissen, alte Legenden werden Stadtromane. Kunstsinn und reiche Dekoration erfreuen sich großer Beliebtheit.
In den Ikonen von Jaroslavl', wo bereits eine sehr lange Tradition besteht, hallt das Echo dieser Maler weiter. Die Blütezeiten in der Architektur und der Ikonenmalerei in Jaroslavl' hängen mit den wirtschaftlichen Verhältnissen zusammen. Im dreizehnten und vierzehnten Jahrhundert ist Jaroslavl' die Hauptstadt eines selbstständigen Fürstentums, im sechzehnten Jahrhundert besteht ein lebendiger Handel mit dem Westen und dem Fernen Osten, aber das siebzehnte Jahrhundert sieht den Aufstieg der Kaufmannsklasse; man kann von einem echten „goldenen Zeitalter" sprechen. Natur, Architektur und Geschichte nehmen auf den Ikonen, die ganz harmonisch und sogar symmetrisch mit einer übermäßigen Dekoration und Ornamenten versehen werden, einen wichtigen Platz ein.

Nach dem siebzehnten Jahrhundert sind in der Kunst in Russland nur wenige spektakuläre Veränderungen oder Entwicklungen wahrzunehmen. Man baut auf den alten, gefestigten Traditionen auf.
Um 1800 scheint sich jedoch eine Renaissance zu vollziehen. In den Dörfern der Altgläubigen, die im siebzehnten Jahrhundert aus der russisch-orthodoxen Staatskirche verbannt worden sind, arbeiteten Ikonenmaler in Ateliers, wo Ikonen im Stil der Blütezeit des siebzehnten Jahrhunderts gemalt werden, mit ausdrücklichen Hinzufügungen aus dem neunzehnten Jahrhundert. Diese Ikonen zeichnen sich durch den Gebrauch von Gold aus, mit vielen verfeinerten Details in der Darstellung von Architektur, Landschaft und Kleidung. Auch die hervorragend ausgeführte Kalligraphie auf den Ikonen ist für die Ikonenmalerei der Altgläubigen kennzeichnend. Einige Dörfer sind aufgrund der glänzenden Ikonen berühmt geworden, beispielsweise Palech und Mstëra. Die Technik des detaillierten Malens ist an diesen Orten während der kommunistischen Zeit nicht verloren gegangen. Die Maler sind, um ihren Lebensunterhalt verdienen zu können, vom Anfertigen – verbotener religiöser – Ikonen hinübergewechselt zum Malen von Lackkästchen mit Abbildungen von Märchen und folkloristischen Szenen. Nach dem Fall des Kommunismus sind die Maler wieder zu ihrer alten Liebe zurückgekehrt, der Ikonenmalerei.
Unter dem Kommunismus niedergerissene, niedergebrannte und gesprengte Kirchen und Klöster erstehen wie ein Phönix aus der Asche wieder auf und werden von sehr motivierten und ordentlich ausgebildeten Künstlern mit Wandmalereien und Ikonen versehen, als ob die Tradition nie unterbrochen gewesen wäre.

Drs. Désirée M. D. Krikhaar

Einige Anmerkungen zur Aussprache der in der Regel der Transliteration nach DIN 1460 folgenden Wiedergabe kyrillischer Buchstaben:
e = je, beispielsweise Znamenie = Znamenije
ë = jo, beispielsweise Rublëv = Rubljow
c = z
č = tsch, beispielsweise Čërnij = Tschjorni
š = sch, beispielsweise Ušakov = Uschakow
ž = sch, beispielsweise Radonjež = Radonjesch
v = w
Ein „Weichheitszeichen“ (') klingt wie ein weiches j am Wortende, beispielsweise Suzdal' = Susdalj

Alexander Jaroslavič war der zweite Sohn von Fürst Jaroslav und wurde im Jahre 1220 geboren. 1236 wurde der junge Aleksander Fürst von Novgorod. Relativ kurz vor seiner Geburt, im Jahre 1204, war das Zentrum der Ostkirche Byzanz, das christliche Konstantinopel, durch die lateinischen Christen des Vierten Kreuzzuges erobert, geplündert und teilweise zerstört worden.
Als Aleksander 20 Jahre alt war (1240), erteilte Papst Gregor IX. den Schweden den Auftrag, in Russland einzufallen und das Volk dem römisch-katholischen Glauben zu unterwerfen. Aleksander zog gegen diesen Kreuzzug zu Felde und schlug das schwedische Heer an den Ufern des Flusses Neva; daher trug Aleksander von jener Zeit an auch den Beinamen Nevskij (wörtlich: „von der Neva"). Noch keine zwei Jahre nach der schmachvollen Niederlage der Schweden entsandte der Papst wiederum ein Heer gegen die Russen. Diesmal war es der Deutsche Orden, die Teutonen, nach den Templern einer der wichtigsten und mächtigsten Ritterorden im Heiligen Römischen Reich. Die Deutschordensritter hatten anfänglich Erfolg. Sie eroberten die Stadt Pskov, ein Zentrum des Handels, der Religion und der Kunst. Aleksander zog wiederum in den Kampf und erfuhr der Legende zufolge Hilfe durch Heilige und Engel (unter denen der Erzengel Michael und die ersten russischen Heiligen Boris und Gleb waren). Die beiden Heere begegneten einander auf der Eisfläche des gefrorenen Peipussees (in Estland). Die Eisschlacht soll so blutig gewesen sein, dass das Eis sich zu bewegen schien. Aleksander siegte, und das Heer des Deutschen Ordens wurde dezimiert.
In seinem späteren Leben sollte Aleksander einen Pakt mit den Tataren schließen, durch den die russisch-orthodoxe Kirche fortbestehen konnte und die Russen vor einer völligen Unterwerfung durch die Tataren bewahrt wurden.
Aleksander starb 1263 und wurde im Jahre 1547 heilig gesprochen.
Sein Festtag ist der 23. November, und der Übertragung der Reliquien in das Aleksander-Nevskij-Kloster in St. Petersburg wird am 30. August gedacht.

Aleksander Nevskij
Russland, 19. Jahrhundert
53,5 x 44,5 cm

Св. Блг. кн. Алеѯандръ Нев.

Diese Ikone zeigt das „Nicht von Menschenhand geschaffene Bild" des Antlitzes Christi, abgedruckt auf einem Tuch. Die ursprüngliche Abbildung geht auf eine Legende über König Abgar von Edessa (Urfa, in der heutigen Türkei) zurück, der in der Zeit vor Christus lebte. Abgar war schwer aussätzig und schrieb einen Brief an Jesus, als dieser in Galiläa war und die Geschichten über wunderbare Heilungen von Krankheiten und Qualen sich in ganz Syrien verbreiteten (Matthäus 4,24). Der König ließ diesen Brief durch seinen Hofmaler Ananias zustellen, der zugleich den Auftrag bekam, ein Porträt von Jesus zu malen. Die Erzählung will es so, dass es Ananias nach seiner Ankunft in Jerusalem zunächst nicht gelang, in die Nähe Jesu kommen, weil so viele andere Menschen auf den Beinen waren, um ihn zu sehen. Ananias kletterte aber auf einen Felsen, um doch ein Porträt von Jesus zu malen. Als dieser ihn dann sah, befahl er Ananias näher zu kommen. Jesus lobte den Glauben König Abgars und gab Ananias einen Brief für den König mit. Auch ließ Jesus ein feuchtes Tuch herbeibringen, auf dem er einen Abdruck seines Antlitzes hinterließ. Als König Abgar bei der Rückkehr seines Knechts dieses Tuch an sich drückte, wurde er nahezu vollständig geheilt. Nur ein kleiner Teil seines Gesichts blieb noch vom Aussatz befallen, doch auch dieser Rest wurde geheilt, als kurz danach der Apostel Thaddäus, einer der siebzig Apostel, Abgar einen Besuch abstattete.

König Abgar, auch der Schwarze genannt, wahrscheinlich wegen seiner Krankheit, schrieb einen Dankesbrief an Jesus und bot ihm darin Zuflucht in seinem Land an, wenn die Drohungen gegen ihn zu gefährlich werden sollten. Jesus dankte ihm herzlich, schlug das Angebot aber vorläufig aus. Diese Korrespondenz ist als der apokryphe Briefwechsel zwischen Jesus und Abgar bekannt.

Die russisch-orthodoxe Kirche betrachtet das Mandylion als die authentische Abbildung von Christus. Kennzeichnend sind die langen Haare, der Scheitel auf dem Haupt, die langen, dünnen Schnurrbarthaare und der kurze Vollbart, der an zwei Punkten auseinander läuft. Diese Abbildung wird deshalb auch „Erlöser mit dem nassen Bart" genannt. Das Fest der Überbringung des „Nicht von Menschenhand geschaffenen Bildes" Christi von Edessa nach Konstantinopel wird in der Orthodoxen Kirche am 16. August gefeiert.

Mandylion
Russland,
18. Jahrhundert
50 x 40 cm

ІС ХС
НЕРУКОТВОРЕННАГО УБРУСА ГДНЯ

Das Grimmige Auge
Russland,
17. Jahrhundert
69 x 52,5 cm

Auf dieser Ikone des Pantokratortyps ist Christus im „Porträtformat" abgebildet. Charakteristisch für diesen Abbildungstyp ist der eindringliche Gesichtsausdruck. Diese gestrenge Abbildung von Christus hat zu dem Beinamen „Jaroje Oko" (wörtlich: „Das grimmige Auge") geführt, der auf den Bibeltext in Markus 3,5a verweist: „Da blickte er sie ringsum zornig an, betrübt über die Verstocktheit ihrer Herzen." Was die Ikonographie betrifft, so weicht diese Ikone etwas von den meisten Abbildungen von Christus mit dem Grimmigen Auge ab: Sowohl die Hände als auch ein Evangeliar sind zu sehen, während gewöhnlich lediglich das Antlitz Christi abgebildet ist.

Christus sitzt als Pantokrator („Allherrscher") auf einem Thron in den himmlischen Sphären. Er ist in ein goldenes Gewand des schon in den Himmel aufgefahrenen Christus gehüllt. Auf seinem Schoß hat er das aufgeschlagene Buch mit dem Text: „Kommt alle zu mir, die ihr mühselig seid und beladen, und ich will euch erquicken" (Mt 11,28).

Um Christus her ist eine viereckige Raute (drei Eckpunkte sind sichtbar) und eine blaue Mandorla mit Cherubim und Seraphim sichtbar. Mit seinen Füßen stützt Christus sich auf die Throne, die feurigen Räder mit Augen. Cherubim, Seraphim und Throne bilden zusammen die höchste Triade der Engel um Gott herum.

Das äußerste rote Viereck hat in den Ecken die Symbole der vier Evangelisten: Matthäus der Mensch, Markus der Adler, Johannes der Löwe und Lukas der Stier. Von Christus gehen jeweils drei Strahlen zu den Evangelisten aus, die damit die Gaben der Dreieinigkeit empfangen, die Inspiration für ihr Evangelium.

Die Ikone bildete einst das Zentrum einer Deesis-Gruppe in einer Ikonostase.

Christus Pantokrator
Russland, 17. Jahrhundert
106,5 x 66 cm

Deesis ist das griechische Wort für Fürbitte. Auf dieser Ikone haben die Gottesmutter und Johannes der Vorläufer in der Fürbitte ihr Haupt zum in der Mitte abgebildeten Christus Pantokrator („Allherrscher") hingewandt. Christus zeigt ein geöffnetes Evangeliar und macht mit seiner rechten Hand einen Segensgestus. Die Gottesmutter und Johannes der Vorläufer weisen beide mit einer Hand auf Christus hin und halten mit der anderen eine geöffnete Schriftrolle fest.

Die Gottesmutter richtet ein spezielles Gebet an ihren Sohn: „Herrscher Jesus, Christus, Sohn Gottes, erhöre Deine eigene Mutter." Johannes zeigt den Text: „Tut Buße und steht auf, denn das Himmelreich ist nahe. Schon ist die Axt an die Wurzel des Baumes gelegt."

Deesis
Russland, 18. Jahrhundert
31 x 77,5 cm

Christus Pantokrator („Allherrscher") sitzt auf seinem Thron. Der Thron ist in barockem Stil verziert und auf eine Wolkendecke gestellt, die symbolisch für das Himmelreich steht. Christus trägt auf seinem Haupt eine Krone und ist mit einem königlichen Gewand bekleidet. Mit seiner rechten Hand entbietet Christus den Friedensgruß, während die linke Hand eine Kugel festhält. Der Hintergrund der Abbildung ist mit Blattmotiven verziert, die im Relief ins Holz gestochen sind, wodurch es so scheint, als ob die Ikone durch ein „Oklad" (eine Verkleidung aus Metall) bedeckt wäre.

Sowohl im Alten Testament als auch im Neuen Testament sind Hinweise auf das Königtum und Hohepriestertum Christi zu finden. Christus als der Erbe des Thrones von König David rechtfertigt ihn als Fürst. In Prophetien und Psalmen wird regelmäßig vorausgesagt, dass der Allerhöchste seine (ewige) Königsherrschaft antreten wird. Texte von Jeremia, Jesaja und Daniel und die Psalmen 2, 11, 45, 47, 72, 103, 110 und 145 sind einige entsprechende Beispiele. Im Neuen Testament betont vor allem der Evangelist Matthäus das Kommen des Königreiches der Himmel. Das Amt Christi als Priester wird mit Psalm 110 in Zusammenhang gebracht: „Der Herr hat geschworen, und es wird ihn nicht reuen: ‚Du bist Priester für immer um Melchisedechs willen'."

Der König und Priester Melchisedech weist als wichtiges Vorbild auf Christus hin: Als Fürst hat auch er Gott ein Opfer aus Brot und Wein dargebracht, wie es auch Christus im Letzten Abendmahl tat. In der Ikonographie der Ostkirche trägt Christus, wie der sterbliche Kaiser, daher das purpurrote Colobium, den goldenen Clavi (siehe Einführung), manchmal eine Krone, und er sitzt auf einem Thron mit einem Kissen unter den Füßen. Ebenso wie der sterbliche Hohepriester trägt er das Omophorion (die Bischofsstola) und manchmal eine Mitra.

Christus, der König der Könige und Hohepriester
Uralgebirge, 17. Jahrhundert
89 x 68 cm

Christus, der gute Hirte

Russland, 18. Jahrhundert

27 x 21,5 cm

Die Ikonographie vom Guten Hirten ist eine Ableitung von dem klassischen römischen Hirten, der ein Schäfchen auf die Schultern nimmt. In den frühchristlichen Katakomben und auf Sarkophagen ist der Gute Hirte eine beliebte Darstellung, die den Verstorbenen den Trost gibt, dass sie in gute Hände gefallen sind, dass über ihnen gewacht wird und dass sie ein Teil der Herde der Glaubensgemeinschaft sind, die durch Christus geleitet wird. Christus als der Gute Hirte ist ein Rettungsbild geworden, wobei auf Schrifttexte zurückgegriffen wird, in denen Christus sich selbst mit einem Hirten vergleicht (beispielsweise Johannes 10,11: „Ich bin der gute Hirt. Der gute Hirt gibt sein Leben für die Schafe") und auf ein Gleichnis, in dem ein Hirte das verlorene Schaf zur Herde zurückbringt (Lukas 15,2-6).

Im Westen hat der Gute Hirte eine ununterbrochene Entwicklung durchgemacht, aber in der ostchristlichen Ikonographie ist das Bild in den Hintergrund geraten. Vor allem durch die Kontakte von Westrussland (Ukraine, Weißrussland) mit dem Westen (Polen, Ungarn) ist der Gute Hirte in jene westlichen russischen Gebiete wieder als Andachtsbild zurückgekehrt. Die vorliegende Ikonographie weist Einflüsse des Barock auf und sieht dadurch eher wie ein Gemälde und nicht so sehr wie eine Ikone aus.

ГДЬ
ІИС
ВСЕДЕРЖИТЕЛЬ
ХС

Der Besuch der drei Männer bei Abraham (Genesis 18) wird als eine Präfiguration der Heiligen Dreieinigkeit betrachtet. Die Männer erscheinen Abraham in der Nähe der Eiche von Mamre, wo Abraham vor seinem Zelt saß. Abraham lädt die Männer ein, unter einem Baum auszuruhen und eine Mahlzeit einzunehmen. Auf der Ikone ist zu sehen, wie die drei Männer unter einem Baum (der Eiche von Mamre) an einem Tisch Platz genommen haben. Sarah, die Frau Abrahams, bereitet in ihrer Wohnung Kuchen zu. Abraham schlachtet ein Kalb, das er durch einen Knecht zubereiten lässt, und gibt den Männern davon zu essen. In der Bibel geht die Geschichte mit der Verheißung weiter, dass Abraham und Sarah trotz ihres hohen Alters einen Sohn bekommen werden, und mit der Ankündigung der Zerstörung Sodoms und Gomorras. In der Ikonographie der russisch-orthodoxen Kirche steht jedoch die Mahlzeit der drei Männer im Vordergrund. Hierbei fällt auf, dass die Männer als geflügelte Engel abgebildet sind. Dies kann einerseits als ein Vorankündigung auf die Fortsetzung der Geschichte (Genesis 19) verstanden werden, worin Gott von Abraham Abschied nimmt und die beiden Engel nach Sodom abreisen, wo Abrahams Neffe Lot wohnt. Die drei Engel stehen aber auch symbolisch für die göttliche Erscheinung des Vaters, des Sohnes und des Heiligen Geistes. Dies wird auf der Ikone weiterhin durch die äußeren Engel betont: Ihre Füße berühren den Boden nicht. Auffallend ist auch, dass der Tisch bereits gedeckt ist. Einer der Engel taucht seine Hand in den Kelch, während die anderen beiden einen Segensgestus machen. Dies kann als ein Hinweis auf die Leiden Christi und die Eucharistie verstanden werden.

Dreifaltigkeit des Alten Testaments
Russland, um 1700
88,5 x 69 cm

Streng genommen darf in der Orthodoxen Kirche Gott Vater (Sabaoth) nicht abgebildet werden, weil allein dasjenige oder derjenige wiedergegeben werden darf, das oder der von Menschenaugen gesehen worden ist. Nichtsdestoweniger ist eine Darstellung der Heiligen Dreieinigkeit, so wie sie auf dieser Ikone zu sehen ist, nicht außergewöhnlich. Gott Vater ist in der Person eines älteren Mannes abgebildet – ein Verweis auf die Vision des Propheten Daniel: „Ich schaute so lange zu, bis Throne aufgestellt wurden und ein Hochbetagter Platz nahm. Sein Gewand war weiß wie Schnee, sein Haupthaar rein wie Wolle. Feuerflammen waren sein Thron, dessen Räder flackerndes Feuer" (Daniel 7,9). Er macht mit beiden Händen einen Segensgestus, und sein Haupt ist von einem achtzackigen Stern umgeben. Das Blau in diesem Stern weist auf den Himmel hin, das Rot auf die Erde. Der achtzackige Stern, von dem nur sieben Eckpunkte sichtbar sind, hat auch eine andere symbolische Bedeutung. Die achte Zeit ist die unendliche, ewige und vollkommene Zeit. Diese Zeit wird nach dem Jüngsten Gericht anbrechen und ist daher für die Welt noch unsichtbar. Nur Gott ist der Zeitpunkt des Anbruchs der achten Zeit bekannt. Im Schoße Gottes des Vaters ist Christus Immanuel abgebildet. Über Christus, ebenfalls in einem Medaillon, sieht man eine Taube als Symbol des Heiligen Geistes.

Vaterschaft
Russland, um 1700
69 x 62,5 cm

Dreifaltigkeit des Neuen Testaments
Russland, 17. Jahrhundert
109,5 x 90 cm

Auf dieser Ikone sind Christus, Gott Vater (der Herr Sabaoth) und der Heilige Geist in der Gestalt einer Taube zusammen als Dreifaltigkeit des Neuen Testaments abgebildet. Vater und Sohn sitzen auf den Cherubim und lassen ihre Füße auf feurigen, kreisförmigen Engeln, den Thronen, ruhen. Die Zweige im Hintergrund sind ein Verweis auf das himmlische Paradies. Der achtzackige Stern, der im Nimbus Gottes des Vaters und des Heiligen Geistes zu sehen ist, symbolisiert die göttliche und ewige Natur.
Der blaue Kreis um die Dreifaltigkeit des Neuen Testaments stellt das Firmament dar, während die rote Raute mit den Symbolen der vier Evangelisten das Irdische repräsentiert. Weil der orthodoxen Kirche zufolge allein dasjenige auf Ikonen abgebildet werden durfte, was mit Menschenaugen gesehen worden ist, wurde die Heilige Dreieinigkeit ursprünglich ausschließlich als Dreifaltigkeit des Alten Testaments, oder die Gastfreundschaft Abrahams, abgebildet. Ab dem 17. Jahrhundert kamen Abbildungen der Dreifaltigkeit des Neuen Testaments jedoch immer mehr auf und diese Ikone wurde zu einem häufig zu sehenden Bestandteil der Ikonostasen in orthodoxen Kirchen.

Zwei Seitenflügel aus einem Triptychon
Äthiopien, um 1800
beide 58,5 x 29 cm

In der Mitte des linken Seitenflügels bekämpft der Soldatenheilige Georg das Böse in Gestalt eines Drachen. Die „Prinzessin“, die er vom Bösen erlöst, scheint aus ihrer Position hinter einem Baum heraus die Szene zu beobachten. Links unten ist die Gottesmutter thronend vor einem offengehaltenen Vorhang darstellt. Sie hat ein kleines Tuch in ihrer Hand. Rechts von ihr steht der Erzengel Michael.

Im unteren Fach des rechten Seitenteils ist die Gottesmutter mit dem Kind auf ihrem Schoß dargestellt. Wiederum sitzt sie vor einem Vorhang, der von zwei Engeln hochgehalten wird. Über ihr sind drei identische Figuren abgebildet. Sie sind die drei vollkommen gleichen Wesen der Dreifaltigkeit des Neuen Testaments: Gott der Vater, Christus der Sohn und der Heilige Geist.

Fein gemalte Ikone mit einer ikonographisch komplexen Darstellung, die auf eine liturgische Hymne verweist, die dem byzantinischen Kaiser Justinian I. (527–565) zugeschrieben wird. Die Ikone ist aus mehreren Einzelszenen aufgebaut: Ganz oben die Heilige Dreifaltigkeit; darunter eine Darstellung von Christus Immanuel und die Abbildung „Weine nicht über mich, Mutter"; ganz unten zwei Szenen aus dem Hades. Links Christus als triumphierender Soldat, während ein Engel den Teufel geißelt. Rechts ein wolfartiges Wesen, ein Rabe und eine Gruppe von Toten, die durch den Tod zertreten werden, der auf einem apokalyptischen Tier sitzt.
Verschiedene Elemente aus dem Text des Hymnus „Eingeborener Sohn" sind wie folgt in der Abbildung wiederzufinden:
„Du eingeborener Sohn und Wort Gottes" – Christus Immanuel mit der geöffneten Schriftrolle.
„Gott der Vater" – Gott der Vater ganz obenan.
„Unsterblicher" – Christus, thronend auf den Cherubim im göttlichen Licht, die Sonne und der Mond als Symbol der Ewigkeit.
„Der du ... um unseres Heiles willen Fleisch annehmen wolltest aus der heiligen Gottesmutter und immerwährenden Jungfrau Maria" – Der Engel mit dem Diskos mit dem Buchstabenzeichen IC XC rechts ist der Engel, der die Fleischwerdung ankündigt.
„Unverändert bist du Mensch geworden" – Christus Immanuel mit der geöffneten Schriftrolle.
„Der du gekreuzigt worden bist" – Mutter und Sohn über dem Sarkophag.
„Du hast im Tod den Tod bezwungen" – Links Christus als Soldat auf dem Kreuzesbalken gegenüber dem Ritter des Todes.
„Du, einer aus der Heiligen Dreifaltigkeit" – Vater, Sohn und Heiliger Geist oben in der Mitte.
„Gleich verherrlicht mit dem Vater und dem Heiligen Geist" – Gott verehrende Engel, welche die Mandorla tragen.

Du eingeborener Sohn und Wort Gottes
Russland,
18. Jahrhundert
31 x 31 cm

Auf dieser Ikone ist die heilige Weisheit Gottes (griechisch: „Hagia Sophia“) in der Gestalt einer Frau personifiziert, die auf einem Thron sitzt. Die Frau hat weit ausgebreitete Engelsflügel und hält ein Zepter und einen Stab fest. Links neben dem Thron steht die Gottesmutter, die vor sich einen Diskos mit einer darin enthaltenen Abbildung von Christus Immanuel hält, dem präexistenten Wort Gottes. Rechts neben dem Thron steht Johannes der Vorläufer in fürbittender Körperhaltung. Er hält eine geöffnete Schriftrolle in seiner Hand.

Über der Mandorla mit der Hagia Sophia ist Christus Pantokrator abgebildet. Aus einem Strahlenkranz heraus macht er mit beiden Händen einen Segensgestus. Ganz oben knien sechs Engel vor der Hetoimasia (griechisch für „Bereitstellung, Vorbereitung“), einem byzantinischen Motiv, bei dem mittels eines leeren Thrones mit einem Evangeliar darauf die Bereitstellung des Richterstuhles Christi für das Jüngste Gericht abgebildet wird. Bei der Wiederkunft (Parousia) auf die Erde ist der Thron schon bereitet.

Die Weisheit Gottes
Russland, 18. Jahrhundert
107,5 x 98,5 cm

Christus, Engel des Seligen Schweigens
Russland, 19. Jahrhundert
40 x 35,5 cm

Christus, im Halbformat abgebildet als Engel, ist mit einem liturgischen Gewand bekleidet und hat beide Arme vor der Brust gekreuzt und die Flügel ausgebreitet. Das lange, wallende Haar des Engels reicht bis auf die Schultern, und sein Antlitz zeigt ein schweigendes Lächeln. Der achtzackige Stern im Nimbus verweist auf die Ewigkeit. Bezüglich der genauen Bedeutung dieses Ikonentypus sind zwei Interpretationen möglich. Einerseits könnte er als ein Verweis auf eine Prophezeiung Isaias' aufgefasst werden (Isaias 53,7): „Man misshandelte ihn, und er beugte sich; er tat seinen Mund nicht auf, wie das Lamm, das zur Schlachtbank geführt wird, und gleich einem Schaf, das vor seinen Scherern verstummt. Nein, er tat seinen Mund nicht auf." Andere Textquellen sind Isaias 42,1-2: „... Ich legte auf ihn meinen Geist; er bringt den Völkern das Recht. Er schreit nicht und erhebt nicht seine Stimme, lässt sie nicht hören auf der Straße", und Psalm 141,3: „Setze, o Herr, vor meinen Mund eine Wache, eine Wehr vor das Tor meiner Lippen!"
Andererseits ist das Selige Schweigen auch für das beständige Jesusgebet erforderlich. Die Ikone ist im Umfeld von Altgläubigen gemalt worden, wahrscheinlich in dem Dorf Mstëra.

Erzengel Michael und Gabriel
Russland, 18. Jahrhundert
159,5 x 50,5 cm und
159 x 51 cm

Engel, als Boten zwischen Himmel und Erde, werden auf Ikonen immer geflügelt dargestellt. Als die Diener am himmlischen Hof sind sie mit den Gewändern bekleidet, welche die Lakaien am byzantinischen Kaiserhof trugen: einer Tunika mit einem Mantel darüber. Die Säume der Gewänder sind schön verziert. In ihrem Haar tragen sie ein Stirnband mit einer Schleife, das so auch von den Hofdienern getragen wurde. Ursprünglich sind diese Schleifen allerdings eine Art sichtbar gemachte Antennen oder Funkwellen, durch die der Engel in Kontakt mit Gott, seinem Auftraggeber, stand. Auf frühen Abbildungen sind die Wellen dann auch als von den Ohren ausgehend wiedergegeben.

Als Boten tragen die Engel auch einen Stab, so wie hier Gabriel. Dieser ist eine Ableitung von dem klassischen Götterbotenstab, der von Hermes getragen wird.

Diese Ikonen von Michael und Gabriel waren einst Bestandteil einer Deesis-Gruppe in einer Ikonostase. Dort stehen sie als ein nicht zu trennendes Paar einander gegenüber. In ihrer Hand tragen sie den Diskos mit dem Namen von Jesus Christus. Michael hält die Buchstaben IC für Jesus, Gabriel die Buchstaben XC für Christus. An welche Seite von Christus sie gestellt werden, ist von der Position der Gottesmutter abhängig: Gabriel steht ihr immer gegenüber, wie bei der Verkündigung.

Der Erzengel Michael, der Anführer der himmlischen Heerscharen, frontal und im Halbformat abgebildet, hält in seiner rechten Hand ein Schwert und in seiner linken Hand eine geöffnete Schriftrolle. Anders als bei der Ikone von Michael als Boten und Vermittler in einer Deesis, wird hier vor allem die himmlische Macht Michaels betont: Er ist mit einer Soldatenuniform mit Harnisch und schönem roten Mantel bekleidet. Als Soldat hat Michael die besondere Aufgabe, den Glauben zu beschützen. Der Text auf der Schriftrolle lautet: „Ich halte das Schwert fest in der Kirche des Herrn, und ich sehe die Guten. Wer die Barmherzigen zum Sündigen verführt, den lasse ich einen grausamen Tod sterben durch das Schwert." Rechts unten ist zu sehen, dass die Ikone einst datiert und signiert gewesen ist. Obwohl der Text beschädigt ist, ist Folgendes noch lesbar: „Diese Ikone ist angefertigt worden durch Ignatij Tav..."

Ikonen von Kämpfern und Beschützern gegen das Böse sind im 19. Jahrhundert in Bulgarien besonders beliebt, als sich dort ein Nationalbewusstsein entwickelte und man sich gegen die türkischen Unterdrücker stellt, die schon seit dem Ende des 14. Jahrhunderts das Land beherrschen. Seit dem Ende des 18. Jahrhunderts wird diese Periode die „bulgarische Wiedergeburt" genannt. Letztendlich hatte dieser Widerstand die Befreiung Bulgariens im Jahre 1878 zur Folge.

Erzengel Michael
Bulgarien,
Mitte des 19. Jahrhunderts
86 x 56 cm

МЕЧЪ ДЕРЖА
ИСТОА В ХР
АМЪ ГДНЪ
И ГЛЕДАМЪ
НАДЪ ЕРИТЕ
МИЛОТИВО
А ГРЕШНИМЪ
МЕЧЕМЪ
ЛЮТМИ
СМЕРТЪ
ПОГУБЛЮ
ИЛЪ

Auf dieser Ikone ist der Erzengel Gabriel frontal und in ganzer Figur abgebildet. In seiner rechten Hand trägt der Erzengel einen Lilienzweig als Zeichen der Reinheit. Mit der linken Hand hält er eine Laterne als eine Lichtquelle auf dem finsteren Weg.

Die Ikonographie dieser Ikone weist sehr nachdrücklich westliche Einflüsse auf. Sie ist denn auch spät zu datieren, nämlich auf das Ende des 19. Jahrhunderts. Die russischen Ikonenmaler stützten sich in dieser Periode immer mehr auf die in ihren Augen „moderne“ westliche Kunst.

Erzengel Michael
Russland,
Ende des 19. Jahrhunderts
93,5 x 61,5 cm

АРХАНГЕЛ ГАВРИИЛЪ

Reichlich dekorierte Ikone, auf der die wichtigsten Feste des Kirchenjahres abgebildet sind. Im Mittelpunkt die Anastasis: Die Auferstehung Christi und sein Sieg über das Totenreich. Oben ist zu sehen, wie der gute Schächer am Kreuz in das himmlische Paradies eingeht, wo er von Elias und Henoch begrüßt wird. Um die Darstellung in der Mitte herum sind sechzehn kleinere Abbildungen christlicher Festtage zu sehen (von links nach rechts und von oben nach unten):

1. Geburt der Gottesmutter
2. Kreuzerhöhung
3. Einzug der Gottesmutter in den Tempel
4. Verkündigung an die Gottesmutter
5. Geburt Christi
6. Darstellung Christi im Tempel
7. Taufe Christi im Jordan
8. Einzug Christi in Jerusalem
9. Auferweckung des Lazarus
10. Christi Verklärung auf dem Berg Tabor
11. Kreuzigung Christi
12. Myrrhe tragende Frauen am Grabe Christi
13. Christi Himmelfahrt
14. Dreifaltigkeit des Alten Testaments
15. Entschlafung der Gottesmutter
16. Grablegung Christi

Erweiterte Festtagsikone
Russland (Jaroslavl'),
17. Jahrhundert
78,5 x 67 cm

Der große Detailreichtum und der dekorative Hintergrund der Ikone sind für den Stil von Jaroslavl' charakteristisch.

Fein gemalte Ikone mit hervortretender Architektur, welche die Ereignisse im Umfeld der Geburt der Gottesmutter bildlich darstellt. Links und rechts oben sind die Verkündigungen durch die Engel an Joachim und Anna abgebildet. Joachim hatte sich nach einer langen, kinderlosen Ehe in die Wüste zurückgezogen, wurde aber nach einem Aufenthalt von 40 Tagen durch den Engel Gottes wieder nach Hause zurückgeschickt. Anna blieb daheim und bekam ebenfalls Besuch von dem Engel, der ihr befahl, die schönsten Kleider anzuziehen und Joachim beim Stadttor von Jerusalem zu erwarten.

Oben in der Mitte ist die Begegnung von Joachim und Anna vor dem Goldenen Tor von Jerusalem dargestellt. Links ruht Anna neun Monate später auf ihrem Wochenbett, während die Gottesmutter links unten erstmals gewaschen wird. Dienstmädchen versorgen Anna mit Essen und Trinken. Rechts sitzen Joachim und Anna nebeneinander mit ihrem Kind auf Annas Schoß. Die Weise, wie die Perspektive der Gebäude manipuliert ist, erinnert fast an die bekanten Perspektivdarstellungen des niederländischen Grafikers Maurits Cornelis Escher (1898–1972). Die optische Täuschung, die hierdurch entstanden ist, ist allerdings kein Selbstzweck. Die Architektur bringt die verschiedenen Elemente in der Geschichte der Geburt der Gottesmutter miteinander in Zusammenhang und stellt das Ganze in einen „perspektivlosen" und somit unendlichen, ewigen Kontext hinein.

Auf dem Außenrand der Ikone sind vier so genannte Randheilige dargestellt. Sie sind die Schutz- oder Namensheiligen des Eigentümers oder Auftraggebers der Ikone. Die Randheiligen links sind Kaiser Konstantin der Große und der Mönch und Klostergründer Sergij von Radonjež, und rechts der Erzheilige Panteleimon als Soldat und der heilige Tichon.

Geburt der Gottesmutter
Russland, um 1800
34 x 29,5 cm

Einzug der Gottesmutter in den Tempel
Bulgarien, um 1800
88 x 61 cm

Der Einzug der Gottesmutter in den Tempel wird in dem apokryphen Evangelium von der Geburt Marias oder dem so genannten Protoevangelium des Jakobus beschrieben, das um 150 n. Chr. verfasst wurde. Ihre Eltern Anna und Joachim bringen das Mädchen, als es drei Jahre alt geworden ist, in den Tempel. Joachim sagt dann: „Wir wollen die unbefleckten Töchter der Hebräer rufen, die mögen jede eine Fackel nehmen, und diese sollen brennend sein, auf dass sich das Kind nicht zurückwende und sein Herz nicht vom Tempel des Herrn weggelockt werde!" Die drei Mädchen mit ihren Kerzen stehen hier wie eine Mauer zwischen den Eltern und der Gottesmutter. Wenn die Gottesmutter sich umblickt, wird sie die flammenden Fackeln sehen und sich nicht verlassen fühlen, wenn Joachim und Anna den Tempel ohne sie verlassen.

Der Hohepriester Zacharias empfängt die Gottesmutter und setzt sie auf die dritte Stufe des Altars, und neun Jahre lang bleibt sie im Tempel.

Die Ikone ist ein typisches Beispiel für den Stil, der zu der Zeit der „bulgarischen Wiedergeburt" gehört. Ikonen aus dieser Periode haben fröhliche Farben und atmen eine gewisse Realität und Erleichterung.

Abbildung der Ankündigung der Geburt Christi durch den Erzengel Gabriel an die Gottesmutter. Links sehen wir den Erzengel Gabriel, der seine rechte Hand zugleich grüßend und segnend erhebt. Als Bote Gottes trägt er einen Stab, der von dem Götterbotenstab des Kuriers der römischen Götter Merkur/Hermes abgeleitet ist. Rechts steht die Gottesmutter vor ihrem Sitz, wo sie zuvor Wolle für den Vorhang des Tempels gesponnen hatte, und beugt ehrfurchtsvoll ihr Haupt. Im Hintergrund sind zwei Gebäude als Verweise auf das Alte und Neue Testament zu sehen. Auf vielen Ikonen der Verkündigung an die Gottesmutter ist zwischen den Gebäuden auch ein Tuch zu sehen, das nicht nur angibt, dass die Verkündigung innerhalb des Hauses stattfindet, sondern außerdem den Übergang vom Alten zum Neuen Bund symbolisiert.

Zwischen den beiden Gebäuden ist das Gotteszeichen dargestellt, von wo aus von Gott drei Strahlen zur Gottesmutter gesandt werden: die Dreieinigkeit. Der Heilige Geist kommt über sie, und sie wird mittels dieser Auserwählung durch Gott den Vater die Mutter seines Sohnes.

Verkündigung der Gottesmutter
Russland, 17. Jahrhundert
94,5 x 62 cm

Geburt Christi
Russland (Novgorod?),
16. Jahrhundert
91 x 57 cm

In der Mitte ist die Gottesmutter abgebildet, die neben der Felsenhöhle auf einem Kissen liegt und ihr Gesicht von der Krippe mit dem Christuskind abgewandt hat. Links neben der Krippe sind die Drei Weisen aus dem Morgenland dargestellt, die Geschenke herbeibringen und das Kind anbeten. Im Hintergrund stehen Ochs und Esel in der Öffnung der Höhle des Felsens. Der Ochs und der Esel sind Verweise auf Kapitel 1,3 bei Isaias, wo es heißt: „Ein Ochse kennt seinen Besitzer, ein Esel die Krippe seines Herrn." Damit wird auf das Judentum und das Heidentum angespielt.
Ganz oben sind der Stern von Bethlehem und zwei Engel zu sehen. Sie weisen den Betrachter auf das Wunder hin, das stattgefunden hat. Der Strahl, der aus dem Gotteszeichen zur Grotte schießt, endet in drei Punkten, die auf die Dreieinigkeit verweisen. Rechts neben der Gottesmutter ist ein herbeigeeilter Hirte und rechts unten die erste Waschung des Jesuskindes durch die Hebammen dargestellt. Sie sind mit entblößten Armen abgebildet, weil eine von ihnen, Salome, für ihren Unglauben bestraft wurde. Sie wollte mit einem Finger den jungfräulichen Zustand der Gottesmutter überprüfen, und sogleich fiel ihre rechte Hand, vom Feuer verzehrt, von ihr ab. Sie glaubte jedoch unmittelbar danach und tat Buße, sodass ihre Hand wieder anwuchs.
Links unten wird der zweifelnde Joseph von einem Wüstenbewohner besucht, der die Weissagungen kannte und ihn beruhigen will, weil alles, was geschehen ist, von den Propheten vorausgesagt wurde. Die Quelle für die Ikone von der Geburt Christi sind nicht allein das Lukas- und Matthäusevangelium, sondern auch und vor allem das apokryphe Protoevangelium des Jakobus.

Geburt Christi
Russland, 19. Jahrhundert
35,5 x 30 cm

Ikone, auf der mehrere Ereignisse im Zusammenhang mit der Geburt Christi abgebildet sind. Oben in der Mitte liegt das neugeborene Christuskind in einer Krippe vor dem Eingang einer Grotte. Neben der Krippe sitzen die Gottesmutter und ein Dienstmädchen, das auch die erste Waschung durchgeführt hat. Aus dem Himmel steigen Engel herab, die dem Kind ihre Ehrerbietung bezeugen und Hirten den Weg zum Kind weisen. In den beiden oberen Ecken sind die Ankunft und auch die Abreise der Weisen aus dem Osten dargestellt. Direkt links unter der Ankunftsszene ist zu sehen, wie die Weisen der Gottesmutter und dem Christuskind ihre Ehre erweisen und Geschenke überreichen. In der untersten Hälfte der Ikone sind vor allem Szenen im Zusammenhang mit dem Kindermord in Bethlehem zu sehen. Links unten berichten Schriftgelehrte dem Herodes, wo den Propheten zufolge das Christuskind geboren werden sollte. Während die Soldaten des Herodes alle Knaben, die zwei Jahre alt oder jünger sind, umbringen, wird in den Szenen darüber Joseph in einem Traum von einem Engel angewiesen, Bethlehem zu verlassen. Deshalb flüchten Joseph, die Gottesmutter und das Kind nach Ägypten. Rechts unten wird Zacharias, der Vater Johannes' des Vorläufers, von einem Soldaten ermordet.

Christus wird von Johannes dem Vorläufer, der sich in Ehrerbietung vor seinem Meister gebeugt hat, getauft. Aus dem Himmel steigt der Geist Gottes in Gestalt einer Taube herab. Auf dem rechten Flussufer sind drei Engel Zeuge der Begebenheit; ihre Hände sind aus Ehrerbietung mit Tüchern bedeckt.

Die Taufe Christi im Jordan ist das älteste unbewegliche Fest, das in der ganzen christlichen Kirche am 6. Januar gefeiert wird. Die Menschwerdung Christi wird hier nach den Worten Gottes, der aus dem Himmel spricht, bildlich dargestellt: „Dieser ist mein geliebter Sohn, an dem ich Wohlgefallen habe" (Matthäus 3,17; vgl. Markus 1,2; Lukas 3,22). Im Augenblick der Taufe ist auch die Dreieinigkeit gegenwärtig: Gott der Vater spricht durch die drei Strahlen des Gotteszeichens, der Heilige Geist steigt in Gestalt der Taube herab, und Christus, der Sohn Gottes, steht im Fluss. Die Trinität wird auch durch die drei Strahlen betont, in denen der Strahl aus dem Gotteszeichen endet.

Die Ikonographie der Taufe Christi im Jordan ist im Laufe der Jahrhunderte „gewachsen". Seit dem 3. Jahrhundert wurde Johannes in ein Gewand aus Kamelhaar gehüllt, im 4. Jahrhundert wurden die Taube und der Lichtstrahl hinzugefügt, nach dem 5. Jahrhundert wurde die Blöße Christi, die als Anstoß erregend betrachtet wurde, durch ein Lendentuch verhüllt, und seit dem 6. Jahrhundert erschienen die Engel am Ufer des Flusses.

Die Ikone ist in einem nördlichen Stil gemalt, worauf die schwarzen Augen und die weißen Akzente, die Akzentuierungen im Hintergrund und die Wahl der Farbgebung hindeuten.

Taufe Christi im Jordan
Russland, 17. Jahrhundert
82,5 x 69 cm

Verklärung Christi auf dem Berg Tabor
Russland, 17. Jahrhundert
30 x 26 cm

In der Mitte der verklärte Christus, als Gott und als Mensch abgebildet in einem weißen Gewand und umgeben von einer strahlenden Mandorla, auf dem Gipfel des Berges Tabor. Jeweils links und rechts neben Christus auf weiteren Gipfeln desselben Berges erscheinen am Himmel der Prophet Elias und Moses mit den steinernen Tafeln. Beide Propheten stehen in Ehrerbietung für Christus. Die Jünger Petrus, Johannes und Jakobus haben sich, geblendet durch das Licht, zur Erde geworfen. Ebenso wie bei der Taufe Christi im Jordan kommt das göttliche Licht von der Mandorla aus in drei Strahlen auf die Jünger nieder. Auffällig ist, dass Petrus als einziger versucht, zum verherrlichten Christus aufzublicken. In der Bibel steht, dass er das Wort nahm und sagte: „Herr, es ist gut, dass wir hier sind …“ (Matthäus 17,4). Dadurch, dass er seinen Blick auf die göttliche Gestalt Christi richtet, schaut Petrus bereits über den Aufenthalt Christi auf Erden hinweg.

Ikone, auf der die Auferweckung des Lazarus (Johannes 11,1-44) abgebildet ist. In der Mitte steht Christus, dessen rechte Hand segnend zum soeben von den Toten auferweckten Lazarus aufgehoben ist. Der in ein Totenhemd gehüllte Lazarus steht noch mit beiden Beinen in seiner Tumba in der Öffnung einer Höhle, die beiden Hände vor seinem Körper gekreuzt. Zu den Füßen Christi knien Martha und Maria, die Schwestern des Lazarus, aus Dankbarkeit für das Wunder der Auferweckung ihres Bruders vom Tode. Hinter Christus stehen die Jünger, ihnen voran Petrus. Sie haben in Ehrerbietung und Ehrfurcht vor dem Wunder ihre Hände emporgehoben. Die Auferweckung des Lazarus wird an dem Samstag gefeiert, der dem Einzug Christi in Jerusalem vorausgeht. Lazarus, der drei Tage nach seinem Sterben wieder zum Leben erweckt wird, ist eine Präfiguration von Christus, der drei Tage nach seinem Tode auferstehen wird.

Es ist auffällig, dass dieses spektakuläre Wunder nur von einem der vier Evangelisten erwähnt wird. Die anderen Quellen für das Wunder sind die Legende vom Tode des Lazarus, die im Jahre 744 in Kition auf Zypern auftaucht, und die Legende aus dem 11. oder 12. Jahrhundert, nach der ein Mann aus Bethanien nach Marseille flüchtet und dann Bischof von Autun wird. Diese letzte Überlieferung hat übrigens keinen Einfluss auf die Ikonenmalerei ausgeübt.

Auferweckung des Lazarus
Russland, 17. Jahrhundert
45 x 45 cm

Einzug Christi in Jerusalem
Russland, 17. Jahrhundert
68,5 x 55 cm

In der Mitte ist Christus dargestellt, der, auf einem Eselsfohlen sitzend, vom Ölberg kommend in das Stadttor Jerusalems einreitet. Hinter dem Fohlen gehen die Jünger, die auf der Ikone als die Apostel des Herrn bezeichnet sind. Sie weisen in Verwunderung auf das Schauspiel hin, das sich vor ihren Augen vollzieht. Zwei junge Männer breiten ihre Mäntel und Palmenzweige aus, um Ihm die Ehre zu erweisen, die gewöhnlich allein Königen und hoch gestellten Persönlichkeiten zuteil wurde. Im Stadttor steht eine Menschenmenge. In vorderster Reihe stehen die Pharisäer und Schriftgelehrten, die mit ablehnenden Blicken dem Einzug zuschauen.

Im Gegensatz zur Ikonographie im Westen hat das Eselsfüllen den Kopf nach unten gebeugt. Christus wird zwar als König empfangen, aber es ist ein falsch verstandenes Königtum. Sein Königtum ist nicht von dieser Welt. Die Niedrigkeit Christi wird aus der Tatsache deutlich, dass er auf einem Eselsfüllen, dem niedrigsten Lasttier, in das Stadttor Jerusalems einzieht und nicht auf einem edlen Pferd, wie alle regierenden Fürsten. Sogar das Fohlen beugt seinen Kopf.

Eine Besonderheit ist, dass der Einzug auf der Ikone von rechts nach links wiedergeben ist, obgleich die Laufrichtung gewöhnlich von links nach rechts ist. Das Fest des Einzugs Christi in Jerusalem wird am Sonntag vor Ostern (Palmsonntag) gefeiert.

Das Letzte Abendmahl
Russland, um 1700
29,5 x 23 cm

Christus und die zwölf Jünger sitzen an einem runden Tisch, auf dem das Brot und der Wein stehen, die Zeichen des nahenden Leidens Christi. Die Tafel ist in der Tradition des Ostens ein reich gedeckter Tisch. Einige Jünger halten Schriftrollen als Hinweis auf ihr baldiges Apostelamt fest. In der unmittelbaren Nähe Christi sitzen die wichtigen Protagonisten aus der Passionsgeschichte. Links legt Johannes, der Jünger, den Jesus lieb hatte, sein Haupt in den Schoß Christi. Rechts sitzt Petrus, dem Christus voraussagte, dass er ihn verleugnen würde. Neben Petrus sitzt Judas, der Christus verraten sollte. Er taucht seine Hand in die Schüssel und erfüllt damit die Worte Christi an die Jünger: „Einer von euch Zwölf, der mit mir aus der selben Schüssel ist“ (Markus 14,20).

Sehr dekorative und in barockem Stil gemalte Ikone der Kreuzigung Christi. In der Mitte sehen wir Christus am Kreuz. Das Kreuz scheint nicht in die sonstige Umgebung integriert zu sein, sondern wirkt vielmehr wie eine einzelne Abbildung innerhalb der Gesamtdarstellung. Das Kreuz ist auf dem Hügel Golgotha gepflanzt, der den Schädel Adams, des ersten Menschen, in sich birgt. Über dem Kreuz sehen wir Gott Vater und den Heiligen Geist als Taube. Beidseitig vom Kreuz die Sonne und den Mond. Im Hintergrund ist die Stadt Jerusalem zu sehen. Unmittelbar neben dem Kreuz stehen zwei römische Soldaten, die mit ihrer Lanze in die Seite Christi stechen. Neben diesen Soldaten stehen die Kreuzigungszeugen. Links die Gottesmutter, Maria Magdalena und eine dritte Frau, die auf dieser Ikone nicht namentlich genannt ist. Möglicherweise ist dies Maria, die Schwester des Lazarus, Maria Salome, Maria Kleopas oder Johanna. Rechts neben dem Kreuz der Apostel Johannes und der römische Hauptmann Longinus. Im Hintergrund sehen wir die beiden anderen Gekreuzigten, auf der guten Seite, also rechts von Christus (für den Betrachter links) den guten Schächer Dismas, der sich bekehrte und ins Paradies eingehen durfte. Links von Christus den anderen Schächer Gestas, der sich nicht bekehrte. Zwei Männer brechen ihnen die Beine, um den Sterbevorgang zu beschleunigen.

In den Ecken der Darstellung sind die vier Evangelisten abgebildet. Dazwischen, in Medaillons, vier Miniaturabbildungen aus der Passionsgeschichte: Oben das Letzte Abendmahl und die Fußwaschung; unten die Kreuzabnahme und die Grablegung. Auf dem Rand der Ikone sind noch einmal zwölf Heilige abgebildet.

Kreuzigung Christi

Russland, 18. Jahrhundert

53,5 x 43 cm

Anastasis
(Auferstehung Christi)
Russland, um 1600
52,5 x 44,5 cm

In der Mitte Christus, abgebildet in einer Mandorla, der die Pforten des Totenreiches in der Unterwelt zertritt. Ganz unten auf der Ikone ist die finstere Unterwelt als ein nahezu schwarzer Rand unter den Felsen gemalt. Christus hat die Hand zu Adam ausgestreckt, dem ersten Menschen, um ihn vom Tode zu retten. Er ergreift Adam beim Handgelenk, um Adam so über die Lebensschlagader das Leben zu geben. Adam gegenüber steht Eva, die erste Frau. Sowohl Adam als auch Eva stehen im Begriff, aus einer geöffneten Grab zu steigen.
Hinter Adam stehen die Könige Salomo und David und andere Auserwählte, von denen nur die Heiligenscheine sichtbar sind. Hinter Eva steht eine Schar alttestamentlicher Heiliger, die sich bis in eine Berghöhle im Hintergrund hinzieht. Die Ikone von der Hadesfahrt Christi, die auch ein Artikel im Glaubensbekenntnis ist, ist die Ikone, die zum Osterfest gehört, an dem Christus die Menschheit aus dem Tod auferstehen lässt. Die Quelle dieser Auferstehung durch Christus ist das apokryphe Nikodemusevangelium, das ausführlich den Gang Christi in die Unterwelt und die Diskussion zwischen denjenigen, die sich im Totenreich aufhalten, und Christus in Worte fasst. Weil der König der Unterwelt sich weigert, die Türen zu öffnen, bricht Christus diese mit Gewalt auf.

In der Mitte die Frauen, die den Leib des toten Christus einbalsamieren wollen. Am Kopfende des Grabes sehen sie einen Engel, der ihnen die frohe Botschaft von der Auferstehung Christi verkündigt. Die Leichentücher, in die der Leichnam Christi gewickelt war, liegen noch im Grab. Im Hintergrund ist zu sehen, wie Christus Maria Magdalena in dem Garten erscheint, in dem das Grab gelegen ist. Diese Darstellung, „Noli me tangere" („Rühre mich nicht an") genannt, wird gelegentlich auch einzeln auf Ikonen abgebildet. Die Begräbnisstätten befinden sich immer außerhalb der Stadtmauern.

Weder der Augenblick noch die Tatsache der Auferstehung als solche wird in den Evangelien beschrieben. Kein Mensch ist Augenzeuge der Auferstehung gewesen. Der Augenblick kurz nach der Auferstehung wird in der Ikone von den Myrrhe tragenden Frauen beim Grabe Christi veranschaulicht: Das leere Grab ist das Zeichen der Auferstehung Christi.

Die vier Evangelisten liefern alle eine unterschiedliche Beschreibung der Frauen am Grab: Matthäus erwähnt Maria Magdalena, die andere Maria und einen Engel; Markus erwähnt Maria Magdalena, die Maria des Salome, die Maria des Jakobus und einen Mann; Lukas erwähnt Maria Magdalena, Johanna, die Maria des Jakobus und andere Frauen sowie Petrus, während Johannes lediglich Maria Magdalena und Simon Petrus erwähnt. Auf der Ikone wird nur eine Frau namentlich erwähnt, nämlich die Gottesmutter. Die große Menge an nebeneinander sichtbaren Heiligenscheinen (mindestens dreizehn) lässt einen großen Zulauf aus der Stadt Jerusalem vermuten, wobei der Betrachter vielleicht dazu eingeladen wird sich anzuschließen.

Die Myrrhe tragenden Frauen beim Grab Christi
Russland, 17. Jahrhundert
88 x 72,5 cm

Himmelfahrt Christi
Russland, 17. Jahrhundert
65 x 52 cm

Christus wird von zwei Engeln in den Himmel empor getragen. Christus ist nicht mehr in seiner menschlichen Gestalt abgebildet, sondern als Gott. Als Symbol für diese Verherrlichung ist die Figur Christi von einer strahlenden Mandorla umringt. Der Blick Christi ist auf die Personen gerichtet, die auf der Erde zurückbleiben, und auch seine Hände hält er segnend nach unten. In der Mitte zwischen den zurückbleibenden Jüngern steht die Gottesmutter als Beschützerin der Kirche. Beiderseits der Gottesmutter stehen Engel, die in strahlend weiße Gewänder gekleidet sind. Sie erfüllen einen doppelten Zweck: Zunächst weisen die Engel mit einer Hand auf den in den Himmel auffahrenden Christus hin. Zugleich haben beide auch ihr Haupt tröstend zu den zurückbleibenden Jüngern hin geneigt. Links steht Petrus, das Haupt der zurückbleibenden Kirche Christi. Er hat sein Haupt selbstbewusst emporgehoben und weist mit dem Engel auf Christus hin. Rechts steht Johannes. Er hat seine Hand auf die Brust gelegt und scheint noch um den Abschied seines Meisters zu trauern.

ВЗНЕСЕ́НИЕ ГДА НАШЕГО ІСА ХСА

Die letzten Jahre der Gottesmutter werden in der Legenda Aurea beschrieben, einem Sammelwerk mit Heiligengeschichten aus dem Ende des 13. Jahrhunderts, in dem viele Erzählungen, die schon jahrhundertelang bekannt waren, zusammengetragen worden sind. So wurde die Geschichte über die Gottesmutter schon im 2. Jahrhundert im Nahen Osten erzählt. Es gibt bezüglich des Sterbeortes der Gottesmutter zwei unterschiedliche Versionen. Die eine Variante setzt das Ereignis in Ephesus an, wo die Gottesmutter sich bei Johannes aufhielt, die andere Variante lässt das Entschlafen in Jerusalem stattfinden. Die letztere Version ist auf dieser Ikone abgebildet. Die Apostel kommen, von Engeln begleitet, auf ihren Wolkenschiffchen nach Jerusalem. Nur Thomas, der aus Indien kommen musste, hatte sich verspätet. Als Beweis dafür, dass sie in den Himmel aufgefahren ist, gibt die Gottesmutter ihm ihren Gürtel. Oben in der Mitte der Ikone ist diese Aushändigung des Gürtels dargestellt; währenddessen wird sie von Engeln nach oben getragen. Dennoch ist auch Thomas am Kopfende des Sterbebettes gemalt, um die Zahl der Apostel vollständig zu machen.

Nachdem Christus die Seele seiner Mutter mitgenommen hat, wollen die Apostel ihre sterbliche Hülle im Tal Josaphat begraben. Die Begräbnisprozession wird jedoch durch Jefonias gestört, der die Bahre umstoßen will. Weil er mit seinen Händen die Bundeslade, aus der Christus hervorgegangen ist, berührt hat, werden seine Hände durch den Erzengel Michael abgehackt. Nach seiner direkt darauf folgenden Buße und Bekehrung wachsen die Hände wieder an.

Hinter der Bahre sind die vier Bischöfe der ersten Christengemeinden abgebildet. Die wehklagenden Frauen sind die so genannten Freundinnen der Gottesmutter, die vor den Bauwerken als Weinende wiedergegeben sind.

Ganz oben sind Gott der Vater und der Sohn mit dem Heiligen Geist im Himmel dargestellt, während darunter Engel die Himmelspforte öffnen, um die Gottesmutter einzulassen.

Entschlafung der Gottesmutter
Russland (St. Petersburg),
18. Jahrhundert
113,5 x 68,5 cm

Auf dieser Ikone ist die Enthauptung Johannes' des Vorläufers, ein kirchlicher Festtag in der russisch-orthodoxen Kirche, abgebildet. Links ist zu sehen, wie ein Soldat des Königs Herodes Johannes aus dem Gefängnis wegführt. Die Krone, die ein Engel über dem Haupt des Johannes hält, weist bereits auf sein herannahendes Martyrium hin. Rechts auf der Ikone wird die Enthauptung des Johannes durch den Henker ausgeführt, der sein Schwert zieht. In der Mitte der Ikone ist die Enthauptung bereits vollendete Tatsache: Dort liegt das abgeschlagene Haupt auf einer Schale. Die Enthauptung geschah auf Befehl des Herodes nach einer Bitte von Salome. Diese Stieftochter des Königs hatte ihn durch ihren Tanz so sehr um den Verstand gebracht, dass er ihr anbot, ihr jeden Wunsch zu erfüllen. Daraufhin erbat sie das Haupt des Johannes. Ganz oben, in einem Wolkenstreifen, blicken Christus Pantokrator und Engel auf die Geschehnisse nieder.

Sechs Heilige auf dem Rand der Ikone, deren Namen nicht eindeutig zu entziffern und zu übersetzen sind, blicken zu dem Schauspiel auf. Links steht der Apostel und Evangelist Johannes, und unter ihm sind zwei Märtyrer abgebildet. Rechts stehen der heilige Nikolaus von Myra, ein Klostergründer und die Großmärtyrerin Paraskeve.

Die Enthauptung Johannes'des Vorläufers
Russland, um 1700
32,5 x 28 cm

Himmelfahrt
des Propheten Elias
im feurigen Wagen
Russland, um 1700
34,5 x 28 cm

Ikone, auf der mehrere Ereignisse aus dem Leben des alttestamentlichen Propheten Elias abgebildet sind. Links in der Mitte ist zu sehen, wie Elias, der sich in der Nähe des Baches Krit niedergelassen hat, von einem Raben mit Nahrung versorgt wird. Links unten wird Elias von einem Engel getröstet. Unten in der Mitte schlägt Elias mit seinem Mantel auf den Jordanfluss, um diesen mit seinem Schüler Elisäus trockenen Fußes überqueren zu können. Die obere Hälfte der Ikone ist nahezu vollständig mit der Darstellung der Himmelfahrt Elias' in einem feurigen Wagen ausgefüllt. Elias ist am Ende seines Lebens nicht gestorben, sondern direkt ins Paradies eingegangen, wo er gemeinsam mit Henoch den guten Schächer willkommen geheißen wird, wie es auf der Ikone der Anastasis häufig dargestellt wird. Vier geflügelte Pferde ziehen einen Streitwagen hinauf zum Himmel. Elias wirft Elisäus seinen Mantel zu. Elias wird in Russland als Beschützer unter anderem gegen Dürre und Blitzeinschlag verehrt. Das Fest des Propheten Elias wird am 20. Juli gefeiert.

Die meisten Ikonen, auf denen der Pokrov der Gottesmutter abgebildet ist, zeigen eine Kombination von zwei wunderbaren Ereignissen, die der Überlieferung zufolge beide in Konstantinopel stattgefunden haben sollen. Die erste Geschichte betrifft die Erscheinung der Gottesmutter an Andreas Salos, den Klausner und „Narr um Christi willen". Hier ist der ausgemergelte und in ein einfaches Kleid gehüllte Andreas mit seinem Schüler Epiphanias rechts von der Mitte im unteren Teil der Ikone abgebildet. Andreas weist nach oben hin auf die Gottesmutter, die im obersten Teil abgebildet ist. Die Gottesmutter hält ihren Schleier schützend („Pokrov" bedeutet Schutz und Schirm) und fürbittend für die ganze Kirche auf, die durch das große Kirchengebäude im Hintergrund symbolisiert wird. Hinter der Gottesmutter folgt eine Menge von Heiligen, darunter Johannes der Vorläufer, die Apostel Johannes, Petrus und Paulus und die drei Hierarchen Basilius der Große, Johannes Chrysostomos und Gregor der Theologe. In ihrem Gebet wendet die Gottesmutter sich an Christus, der in der Ecke links oben abgebildet ist. Der Legende zufolge soll die Gottesmutter jeden Freitag erscheinen, und so wurde das Wunder auch als das „Gewohnheitswunder" bezeichnet.

Im unteren Teil der Ikone ist der Hymnendichter Romanos der Melode, Diakon in der Blachernenkirche in Konstantinopel, abgebildet. Er sollte während der Weihnachtsliturgie für das kaiserliche Paar singen, war aber nicht mit einer schönen Stimme gesegnet. Nach dem Besuch der Gottesmutter in einem Traum (rechts unten), bei dem die Gottesmutter ihm Text und Musik in den Mund legte, konnte Romanos wunderschön singen. So ist er der Dichter des berühmten Weihnachtskontakions und vieler anderen Hymnen zu Ehren der Gottesmutter geworden. Er ist in der Mitte abgebildet, singend für Kaiserin Theodora und ihren Gemahl Leo VI. den Weisen (links).

Die wundersame Erscheinung der Gottesmutter an Andreas in der Blachernenkirche und das Wunder des Romanos, des lieblichen Sängers, werden seit dem 12. Jahrhundert am selben Tag gefeiert und deshalb auf Ikonen zu einer Darstellung zusammengefügt. Das Schutzfest der Gottesmutter und Romanos' des Meloden wird am 1. Oktober gefeiert.

Pokrov (Schutz und Schirm) der Gottesmutter
Russland, 16. Jahrhundert
97,5 x 69,5 cm

Festtagsikone, auf der siebzehn orthodoxe Feste abgebildet sind. In der Mitte der wichtigste Festtag: Anastasis (Auferstehung) – der Sieg Christi über den Tod. Christus zertritt die Pforten des Totenreiches unter seinen Füßen und rettet Adam, den ersten Menschen, während Engel den Tod anketten und geißeln. Um diese Darstellung herum sind sechzehn andere Feste abgebildet, von denen einige in der späteren ikonographischen Tradition nicht mehr auf Festtagsikonen vorkamen, beispielsweise die Beschneidung Christi und die Glaubensstärkung des ungläubigen Thomas. Bei den kleinen Darstellungen rundherum handelt es sich, von links nach rechts und von oben nach unten, um folgende Feste:

1. Dreifaltigkeit des Alten Testaments
2. Kuss von Joachim und Anna vor dem Goldenen Tor Jerusalems
3. Geburt der Gottesmutter
4. Einzug der Gottesmutter in den Tempel
5. Verkündigung an die Gottesmutter
6. Geburt Christi
7. Taufe Christi im Jordan
8. Synaxis der Gottesmutter
9. Beschneidung Christi
10. Darstellung Christi im Tempel
11. Auferweckung des Lazarus
12. Einzug Christi in Jerusalem
13. Verklärung Christi auf dem Berg Tabor
14. Kreuzigung Christi
15. Glaubensstärkung des Thomas
16. Myrrhe tragende Frauen beim Grab Christi

Erweiterte Festtagsikone
Russland, um 1600
76,5 x 47 cm

Auf dieser großen Kirchenikone werden in mehreren horizontalen Schichten Ereignisse im Zusammenhang mit dem Jüngsten Gericht, so wie diese unter anderem in der Offenbarung des Johannes beschrieben sind, abgebildet. Ganz oben rollen zwei Engel das Firmament mit Sonne, Mond und Sternen auf, womit angedeutet wird, dass das Ende der Zeiten angebrochen ist und ein neuer Himmel und eine neue Erde kommen werden. In der linken oberen Ecke ist das himmlische Jerusalem als Haus mit vielen Wohnungen bildlich dargestellt, in dem die Auserwählten mit Christus zu Tische sitzen. Durch eine Öffnung, die durch einen Engel bewacht wird, treten die Auserwählten herein. In der Mitte in der oberen Schicht ist die Heilige Dreifaltigkeit abgebildet. Daneben sendet Gott der Vater seinen Sohn herab, der das Urteil fällen soll.

In der zweiten Schicht ist eine Deesis wiedergegeben: Im Mittelpunkt Christus als thronender Pantokrator („Allherrscher") und daneben die Gottesmutter und Johannes der Vorläufer (der Täufer), beide in der Fürbitte, mit der sie für die ganze Menschheit Gnade erflehen möchten. Neben dem Thron Christi sitzen die zwölf Apostel, und dahinter stehen noch viele Engel als Zeugen des Urteils, das über eine jede Seele gefällt wird. Zu Füßen Christi knien Adam und Eva, Symbole für die ganze Menschheit, neben dem Thron der Hetimasie (Zurüstung) oder Parousia (Wiederkunft).

In der Schicht unter dieser Deesis naht zur Rechten Christi (links auf der Ikone) eine Schar von Heiligen und zur Linken Christi eine Schar von Sündern. Beide Gruppen werden vor den Thron geführt. Unter dem Thron sind zwei Engel zu sehen, die eine Wagschale bedienen, mit der jede Seele gewogen wird. Die Seelen der Ungerechten werden über eine Schlange, die aus 21 Segmenten besteht, zur Hölle hinabgeführt, die rechts unten auf der Ikone zu sehen ist. Jedes der Segmente stellt eine schwere Sünde dar. Zur Rechten der Schlange sind in Medaillons die vier Tiere aus der Vision Daniels abgebildet (Daniel 7,17). Die vier Tiere symbolisieren die vier Weltreiche, nämlich Rom (Löwe mit Adlerflügeln), Persien (Bär mit drei Rippen im Maul), Mazedonien oder Griechenland (Leopard mit Flügeln und vier Köpfen) und Babylonien (abschreckendes Tier mit eisernen Zähnen und zehn Hörnern).

Das Jüngste Gericht
Russland, 18. Jahrhundert
107,5 x 79,5 cm

Unter der Hölle sind vier einzelne Qualen wiedergegeben. Die linke Seite der untersten Schichten zeigt, wie es den Gerechten ergeht. Unten wird eine Schar von Heiligen von Petrus zu den Pforten des Himmels geleitet. Hinter der Menge ist ein Mann an einen Pfahl gebunden – er symbolisiert einen Sünder, der auch gute Werke getan hat. Über ihn ist noch kein Urteil gefällt worden. Hinter den Pforten des Himmels warten die Erzväter Abraham, Isaak und Jakob. Neben ihnen sind der Baum des Lebens und der gute Schächer abgebildet. Über den Erzvätern sitzt die Gottesmutter auf einem Thron, flankiert von zwei Engeln.
Ikonen mit der Darstellung des Jüngsten Gerichts werden im Allgemeinen an die Westwand einer Kirche oder Kathedrale angebracht (meist als Fresko), als Warnung für die Gläubigen beim Betreten oder Verlassen der Kirche; fast nie war diese Darstellung das Thema für eine Hausikone.

Zwei Ikonen der zwei alttestamentlichen Könige und Vorfahren aus dem Geschlecht Christi: David und Salomo. Beide Ikonen waren Bestandteil einer Ikonostasenwand in einer Kirche, wo sie die Positionen direkt neben der Gottesmutter des Zeichens einnahmen. Bei den meisten Ikonostasewänden nimmt die Gottesmutter des Zeichens die zentrale Position in der dritten Reihe ein und auf den übrigen Ikonen aus dieser Reihe sind Propheten und Heilige abgebildet, die das Kommen Christi vorausgesagt haben. Beide Könige zeigen eine geöffnete Schriftrolle.

David wird als König mit einer Krone typischerweise als Mann mittleren Alters abgebildet. Der Text auf seiner Schriftrolle ist eine Paraphrase von Psalm 42,7.12: „Was betrübst du dich, meine Seele, und bist so unruhig in mir? Richte deine Hoffnung auf Gott, denn einst werde ich ihn wieder loben, meinen Gott, der mich sieht und rettet."

Salomo ist mit seinem bartlosen, jungenhaften Antlitz mit Rändern unter den Augen als Symbol seiner großen Weisheit dargestellt. Neben Salomo ist ein Modell des Tempels abgebildet, weil dieser durch Salomo erbaut wurde. Der Text auf der Rolle, die Salomo festhält, verweist auch hierauf: „Die Weisheit hat sich eine Kirche gebaut."

Die Könige David und Salomo
Russland, 17. Jahrhundert
70 x 40 cm und 71 x 40 cm

In der Mitte der alttestamentliche Prophet Elias, bekleidet mit einem Mantel aus Kamelhaar. Auf dem Rand der Ikone wird er als der heilige Elias der Tisbiter (Thevitenica) bezeichnet. Der Prophet entbietet mit seiner rechten Hand den Friedensgruß, während er mit seiner linken Hand eine geöffnete Schriftrolle zeigt. Über dem Kopf des Propheten ist das Mandylion, die „Nicht von Menschenhand geschaffene Abbildung“ des Antlitzes Christi, zu sehen. Um Elias herum sind zehn Szenen aus seinem Leben wiedergegeben.
Die linke Säule:

1. Die Geburt Elias', der von Engeln im Feuer gebracht wird
2. Die Berufung Elias'
3. Elias ermahnt die Königin Isebel
4. Elias begegnet der Witwe von Zarephta
5. Die Auferweckung des Sohnes der Witwe von Zarephta vom Tode

Die rechte Säule:

6. Elias ermahnt König Ahab
7. Gott (der Herr Sabaoth) erscheint Elias vor einer Höhle des Berges Horeb
8. Ein Engel besucht Elias, während er unter dem Ginsterstrauch sitzt
9. Die Berufung des Elisäus
10. Die Himmelfahrt Elias' mit feurigem Wagen

Auffällig ist, dass die Füße Elias' teilweise über den Rand der Darstellung gemalt worden sind, wodurch es so scheint, als ob der Prophet jeden Augenblick in unsere Welt eintreten könnte. So sind die Welt der Gläubigen und der Heilige sichtbar miteinander verbunden.
Unter der Textrolle steht eine Widmung geschrieben, die leider nicht mehr zu entziffern ist. Nur die Worte „die heilige Ikone“ sind zu lesen.

Prophet Elias mit Vita
Russland, 17. Jahrhundert
116,5 x 93,5 cm

Der Prophet Elisäus, abgebildet im Halbformat, zeigt mit beiden Händen eine geöffnete Textrolle. Elisäus lebte im neunten Jahrhundert vor Christus und war ein Schüler des Propheten Elias. Als Elias in einem Wagen mit feurigen Pferden in den Himmel aufgenommen wurde, empfing Elisäus den aus Kamelhaar gefertigten Mantel seines Meisters zum Zeichen dafür, dass der Geist Elias' nun über Elisäus gekommen war. Während seines Lebens durfte Elisäus verschiedene Wunder vollbringen, wie z. B. die Heilung Naamans vom Aussatz.

Diese Ikone gehörte zu einer großen Ikonostase in einer orthodoxen Kirche. Es ist sehr gut möglich, dass die Ikone ursprünglich ein größeres Format hatte. Das Fest des Propheten Elisäus wird am 14. Juni gefeiert.

Der Prophet Elisäus
Russland, Mitte des 17. Jahrhunderts
41 x 35 cm

Der alttestamentliche Prophet Micha, in ganzer Figur aus einer Vierteldrehung abgebildet, zeigt eine geöffnete Schriftrolle.

Micha ist der sechste der zwölf „kleinen Propheten". Er wurde um das Jahr 721 v. Chr. in der Stadt Moreschet, südlich von Jerusalem, geboren. Er war ein Zeitgenosse Isaias' und wirkte von etwa 721 bis 691 v. Chr. als Prophet unter diversen Königen von Juda (Jotam, Achas und Hiskia). In der Bibel steht die Vision, die er über Samaria und Jerusalem hatte. Eine bekannte Passage hieraus ist folgender Vers: „Ihre Schwerter schmieden sie zu Pflugscharen um und ihre Lanzen zu Winzermessern" (Micha 4,3), außerdem die Voraussage der Geburt Christi in der Stadt Bethlehem: „Du aber, Bethlehem in Ephrata, klein unter den Gauen Judas, aus dir soll mir einer hervorgehen, um Herrscher in Israel zu sein. Sein Ursprung reicht weit zurück, in die Tage der Urzeit" (Micha 5,1).

Diese große Kirchenikone stammt aus einer sehr großen Ikonostasenwand und gehörte dort aller Wahrscheinlichkeit nach zur dritten Ikonenreihe mit der Gottesmutter des Zeichens in der Mitte, flankiert durch andere alttestamentliche Propheten. Obwohl die Ikone selbst aus dem 19. Jahrhundert stammt, ist sie im Stil des 16. Jahrhunderts gemalt.

Der Prophet Micha
Russland, 19. Jahrhundert
215 x 62 cm

Der alttestamentliche Prophet Isaias, in ganzer Figur abgebildet, zeigt mit seiner linken Hand eine geöffnete Schriftrolle und hält in seiner rechten Hand eine Zange mit einer glühenden Kohle darin – ein Verweis auf die Geschichte der Berufung Isaias', in der ein Seraph die Lippen Isaias' mit einer glühenden Kohle berührt, um diese zu reinigen (Isaias 6,6). Auch der Text, der auf der geöffneten Schriftrolle zu lesen ist, enthält einige Worte aus diesem Bibelabschnitt: „Ich sage voraus", „die Zange" und das Wort „Geheimnis".

Die Ikone war wahrscheinlich ein Bestandteil der Prophetenreihe in einer Ikonostasenwand in einer Kirche, zur Linken der Gottesmutter des Zeichens.

Der Prophet Isaias
Russland, 17. Jahrhundert
69 x 42 cm

Zacharias
Russland, um 1700
95 x 43 cm

Thematisch seltene Darstellung des Zacharias, des Vaters Johannes des Vorläufers. Als Zacharias seinen Priesterdienst im Tempel ausführte, erschien der Erzengel Gabriel neben dem Räucheropferaltar. Gabriel berichtete Zacharias, dass er und seine Frau Elisabeth einen Sohn bekommen würden, der als Prophet leben und das Kommen des Messias vorbereiten sollte. Weil Zacharias und seine Frau alt waren, zog der Priester die Worte Gabriels in Zweifel. Als Strafe hierfür vermochte er bis zur Geburt des Johannes nicht mehr zu sprechen.

Auf dieser Ikone ist Zacharias in der traditionellen Kleidung des Hohenpriesters abgebildet, mit dem „Brustschild des Schiedsrichterspruches" vor seiner Brust, auf dem zwölf Steine mit den Namen der Söhne Israels angebracht sind. In dem Brustschild befinden sich die Urim und Tummim, die auf dem Herzen des Priesters sind, wenn er vor dem Angesicht des Herrn erscheint. Der Text auf der Schriftrolle zeigt ein Fragment aus dem Lobgesang des Zacharias (Lukas 1,68-79): „Gepriesen sei der Herr, der Gott Israels ... Er ließ uns erstehen ein Horn des Heils (...)"

Johannes der Täufer wird in der russisch-orthodoxen Kirche der Vorläufer genannt, und zwar wegen seiner Rolle als Vorläufer und Bote des Evangeliums vor dem Kommen Christi. Der Prophet Maleachi sagte bereits voraus, dass ein Bote vorausgesandt werden würde, um den Weg für den Messias zu bereiten. Als Bote und Engel (im Griechischen angelos = Engel) wird Johannes auf Ikonen oft mit Flügeln abgebildet. In ikonographischer Hinsicht außergewöhnlich sind der vollständige Mantel aus Kamelhaar und die Krone auf dem Haupt des Johannes. Der Text auf der Schriftrolle lautet: „Bekehrt euch, denn genaht hat sich das Reich des Himmels."

Im Stil der Ikone ist der Einfluss des Barock, der insbesondere seit der zweiten Hälfte des siebzehnten Jahrhunderts in Russland beliebt ist, wiederzuerkennen. Die Krone des Johannes ist ein schönes Beispiel hierfür. Ihre Verfeinerung und die Färbung deuten auf eine Herkunft aus Jaroslavl' hin.

Johannes der Vorläufer
Russland (Jaroslavl'), zweite Hälfte des 17. Jahrhunderts
103 x 42 cm

Johannes der Vorläufer

Rumänien (Walachei),
17. Jahrhundert
94 x 46 cm

Johannes der Vorläufer ist frontal und in ganzer Figur als Engel abgebildet, ein Verweis auf seine Funktion als Bote des Kommens Christi und Wegbereiter für Christus. In seiner linken Hand hält Johannes eine geöffnete Schriftrolle mit dem Text: „Bekehrt euch, denn das Reich des Himmels ist nahe herbeigekommen." Ein Stab in der Form eines Kreuzes ist an seine Schulter gelehnt. Auf dem Boden steht neben Johannes ein Kelch mit seinem Haupt darin. Nach seiner Gefangennahme sollte Johannes auf die Bitte Salomes hin, der Stieftochter des Königs Herodes, enthauptet werden. Auf der anderen Seite von Johannes ist eine Axt gegen den Stamm eines Baumes angelegt, von dem ein Zweig abgehauen ist. Dies ist ein Verweis auf Matthäus 3,10, wo Johannes zu den Pharisäern und Sadduzäern sagt: „Schon ist die Axt an die Wurzel der Bäume gesetzt. Jeder Baum nun, der nicht gute Frucht bringt, wird herausgehauen und ins Feuer geworfen" (siehe auch Lukas 3,9).
Die Ikone stammt aus der Walachei, einem Gebiet, das stark unter dem Einfluss der griechischen Maltradition gestanden hat. Die lebendige Farbgestaltung, die schwarzen Akzente und natürlich der griechische Text stellen einen deutlichen Beweis für diese Verwandtschaft dar.

Der Apostel Matthäus, in ganzer Figur abgebildet, hält in seinen Händen ein Evangeliar. Levi war ein Zöllner und übte somit den unter den Juden verachtetsten Beruf aus. Er bereitete Christus ein großes Gastmahl. Nach seiner Berufung durch Christus erhielt er den Namen Matthäus – „Gottesgeschenk".

Das erste Evangelium des Neuen Testaments ist von ihm auf Hebräisch geschrieben worden. Über sein Leben ist wenig bekannt, die meisten Viten basieren auf apokryphen Erzählungen.

Diese Ikone des Matthäus gehörte wahrscheinlich zu einer Deesis-Reihe in einer Ikonostasenwand. Charakteristisch für Abbildungen der Apostel ist, dass sie meist ein Evangeliar oder eine Schriftrolle festhalten, einfach gekleidet und unbeschuht sind. Der Apostel Matthäus wird seit dem zwölften Jahrhundert meistens mit einem vollen, ziemlich langen, grauen Bart abgebildet.

Der Apostel Matthäus
Russland, 17. Jahrhundert
88 x 37 cm

Der Apostel Johannes
Russland, 17. Jahrhundert
53 x 40 cm

Der Evangelist Johannes, abgebildet im Halbformat, zeigt ein geöffnetes Evangelienbuch. Der Text im Buch ist der Anfang des Johannesevangeliums: „Im Anfang war das Wort, und das Wort war bei Gott, und Gott war das Wort" (Johannes 1,1, Herder Bibel).
Die hohe, runzlige Stirn und der lange, graue Bart sind Zeichen des hohen Alters und der großen Weisheit des Evangelisten. Manchen Überlieferungen zufolge ist Johannes der Evangelist dieselbe Person wie Johannes der Apostel. Dieser Apostel war ein Bruder des Jakobus und Sohn des Fischers Zebedäus.

Königstüren
Russland, um 1800
118 x 38 cm und 118 x 34 cm

Königstüren sind in der Mitte einer Ikonostasenwand in einer russisch-orthodoxen Kirche angebracht und bilden den Durchgang zum Altar. Während der Liturgie sind die Königstüren an einigen Stellen geschlossen, werden aber zu den wichtigsten Teilen des Gottesdienstes geöffnet, damit der Priester sich mit einem Segen, dem Evangeliar oder den Gaben zu den Gläubigen richten kann. Königstüren bestehen meistens aus je drei Fächern. In der obersten Tafel ist die Verkündigung an die Gottesmutter dargestellt, in den unteren zwei Tafeln befinden sich Ikonen der vier Evangelisten oder ihre Symbole. Auf der linken Tür sind der Erzengel Gabriel, die Evangelisten Matthäus und Markus und auf der rechten Tür die Gottesmutter, Johannes mit seinem Schreiber Prochorus und Lukas abgebildet. Alle vier Evangelisten sind an ihrem Evangelium schreibend in einem Wohnraum abgebildet. Ziemlich außergewöhnlich sind das Schnitzwerk und der ursprüngliche Metallbeschlag auf diesen Türen.

Johannes der Theologe im Schweigen
Russland, 18. Jahrhundert
30 x 26 cm

Hier wird der Apostel Johannes gezeigt, der, in tiefe Gedanken versunken, seine rechte Hand vor seinen Mund hält. Vor ihm liegt ein geöffnetes Evangelienbuch auf seinem Schoß. Hinter ihm steht ein Engel, der die Botschaft Gottes an Johannes weitergibt. Dieser Engel trägt den achtzackigen Nimbus Gottes um seinen Kopf, denn er ist ja die göttliche Inspiration. Neben dem Engel die slawischen Buchstaben für den Heiligen Geist. Links hinter Johannes sehen wir das Symbol des Evangelisten, den geflügelten Löwen. In der westlichen Ikonographie ist der Adler mit dem Evangelisten Johannes verbunden. Im Osten dagegen wird meistens der Löwe als Symbol für Johannes gebraucht, und dort ist der Adler das Symbol für den Evangelisten Markus. Hierin folgt man der Auslegung des Irenäus, der aus Kleinasien stammte und um 177/178 Bischof von Lyon wurde.

Der Apostel Johannes hat sein Haupt leicht gebeugt und hält ein geschlossenes Evangelienbuch fest. Bevor er ein Jünger Jesu wurde, war Johannes ein Anhänger Johannes' des Täufers gewesen. Johannes starb in hohem Alter in der Verbannung auf der Insel Patmos. Auf Ikonen ist er an seiner hohen Stirn zu erkennen, einem Zeichen von großer Weisheit, und an seinem auf ein hohes Alter hinweisendes Äußeres. Als Evangelist wird Johannes im Kirchenslawischen der „Bogoslov“ genannt, ein Titel, der auch neben seinem Haupt geschrieben steht. Dieser Titel ist eine buchstäbliche Übersetzung des aus dem Griechischen stammenden Wortes Theologos.

Johannes der Apostel und Evangelist
Russland, 17. Jahrhundert
113,5 x 44,5 cm

Die zwölf Apostel
griechische Inseln
18. Jahrhundert
etwa 45 x 17,5 cm

Diese zwölf Tafelbilder der zwölf Apostel gehörten zu einer Ikonostase in einer Kirche. Die Apostel sitzen allesamt auf einem schön dekorierten barocken Sessel und haben alle ein Evangelienbuch oder eine Buchrolle auf ihrem Schoß. Die meisten Apostel machen einen Segensgestus. Auffällig ist die Umgebung eines jeden: Der Sessel scheint gleichsam im Hintergrund weiterzulaufen; die Rückenlehne in der Form einer Muschelschale akzentuiert den Heiligenschein auf dem Kopf eines jeden Apostels.
Die Apostel machen einen lebendigen Eindruck und bewegen sich zu verschiedenen Seiten hin. Aufgrund der Dekoration und des Farbgebrauchs darf angenommen werden, dass die Ikonen von der griechischen Insel Korfu stammen, die stark unter westlichem Einfluss gestanden hat.

Synaxis der zwölf Apostel
Griechenland, 1865
33 x 24,5 cm

Diese Ikone zeigt die zwölf heiligen Apostel, wie im Griechischen über den versammelten Jüngern geschrieben steht. Sie stehen als Kirchengründer um die zwei Apostelfürsten Petrus und Paulus, welche die Kirche festhalten. Über ihnen ist die Dreieinigkeit aus Vater, Sohn und Heiligem Geist über einem Wolkenrand abgebildet. Die fröhlichen Farben sind charakteristisch für Ikonen aus Griechenland. Die Ikone ist auf den 17. November 1865 datiert.

ΗΑΓΙΑ
ΤΡΙΑΣ
ΟΙ ΑΓΙΟΙ
ΙΒ. ΑΠΟΣ
ΤΟΛΟΙ
1865

Der Apostel Johannes
und
Johannes
der Soldat

Russland (Jaroslavl'),
17. Jahrhundert
88 x 70 cm

Zwei Heilige, Johannes der Apostel und Johannes der Soldat, sind in ganzer Figur und aus einer Vierteldrehung heraus abgebildet. Beide Heilige weisen auf eine Engel-Deesis ganz oben hin und blicken auf sie. Dort wird der junge Christus Immanuel von zwei Engeln flankiert.

Johannes der Soldat diente im Heer des Kaisers Julian Apostata (der Abtrünnige), von dem er den Auftrag empfing, die Christen zu verfolgen. Ganz entgegen dem Befehl half Johannes den Christen vielmehr, der Verfolgung zu entrinnen, was ihn letztendlich im Gefängnis landen ließ. Als Kaiser Julian im Jahre 363 in der Schlacht gegen die Perser umkam, wurde Johannes aus dem Gefängnis freigelassen und weihte den Rest seines Lebens den armen Menschen. Auf Ikonen wird Johannes immer als Soldat mit Harnisch und Wickelgamaschen und Chlamys (einem halblangen Schultermantel) dargestellt. Auch trägt er ein Kreuz als Zeichen des Glaubens. In der russisch-orthodoxen Kirche wird Johannes' des Soldaten am 30. Juli gedacht.

Der Legende zufolge wurde Georg im dritten Jahrhundert in Kappadozien, das in Kleinasien (der heutigen Zentraltürkei) liegt, als Kind tiefgläubiger Eltern geboren. Als Georg noch ein Kind war, wurde sein Vater um seines Glaubens willen getötet. Weil seine Mutter in Palästina ein Grundstück besaß, zogen Mutter und Kind dorthin. Als Georg ein erwachsener Mann geworden war, trat er in den Dienst des römischen Heeres ein, wo er es durch seine Intelligenz, seinen Kampfesmut und seine Macht zum Kommandanten in den Elitetruppen des Kaisers Diokletian (284–305) brachte. Da Georg sich weigerte, an der Verfolgung von Christen mitzuwirken und sich im Senat öffentlich gegen die Christenverfolgung durch Diokletian aussprach, wurde er zum Tode verurteilt. Durch eine Aneinanderreihung von Wundern überlebte Georg eine ganze Reihe von Folterungen und Anstrengungen, ihn zu töten, was unter seinen Henkern und der Bevölkerung zu einer Massenbekehrung zum Christentum führte. Der Überlieferung zufolge wurde Georg schließlich am 23. April im Jahre 303 enthauptet, dem Tag, an dem gegenwärtig sein Fest in der Kirche gefeiert wird.

Eines der wichtigsten Wunder, die Georg während seines Lebens wirken durfte, war die Tötung eines Drachens. In der Nähe des Libanongebirges wurde eine Stadt durch eine riesige, drachenartige Schlange geplagt. Auf Anraten ihrer Götzenbilder hin waren die Stadtbewohner und ihr Fürst miteinander übereingekommen, dass jeden Tag eines ihrer Kinder dem Drachen geopfert werden sollte. Als der Tag kam, an dem das Los bestimmte, dass die Tochter des Stadtfürsten geopfert werden müsste, wurde die Tochter, in ihr schönstes Gewand gekleidet, außerhalb der Stadtmauern gesetzt. In dem Augenblick, als der Drache vom See aus auf die Tochter zukam, ritt Georg auf seinem Pferd herbei und durchbohrte den Hals des Ungeheuers, während sein Pferd das Monster unter seinen Hufen zertrat. Georg gebot der Tochter des Fürsten, ihren Gürtel um den Hals des Drachen zu binden und ihn wie einen Hund zum Stadttor zu führen. Bei der Stadtmauer angekommen, tötete Georg den Drachen mit seinem Schwert, woraufhin die Bevölkerung der Stadt sich zum Christentum bekehrte.

Georg der Drachentöter
Russland (Palech),
18. Jahrhundert
107,5 x 82 cm

Fünf Heilige sind stehend unter dem Mandylion abgebildet, dem „Nicht von Menschenhand geschaffenen Bild“ des Antlitzes Christi. Die drei Heiligen im Vordergrund sind wahrscheinlich Samon, Guri und Aviv. Diese drei Männer erlitten im vierten Jahrhundert den Märtyrertod in Edessa und wurden nebeneinander begraben. Samon war Laie, Guri war Priester und Aviv war Diakon. Für diese drei Stände in der Kirche war es möglich zu heiraten, dies im Gegensatz zum Mönchsstand, in dem man ein zölibatäres Leben führen musste. Folglich gelten diese drei Heiligen als Schutzpatrone für die eheliche Treue. In Russland werden sie außerdem als Heiratsvermittler verehrt. Der linke Heilige im Hintergrund ist wahrscheinlich der Soldatenheilige Nikita, der mit den Gesichtszügen Christi dargestellt werden darf. Er war ein Soldat im gotischen Heer an der Donau. Er wurde aufgrund seines Christseins im Jahre 370 zum Tode verurteilt. Der Heilige rechts ist wahrscheinlich Georg, der hier im Gewand des frühchristlichen Märtyrers dargestellt ist.

Fünf Heilige
Russland, um 1500
65 x 47 cm

Julitta und Kirik mit Vita
Russland, 19. Jahrhundert
27 x 22,5 cm

In der Mitte sind auf dieser Ikone die Märtyrer Julitta und Kirik (im Westen als Cyriacus bekannt) frontal und in ganzer Figur abgebildet. Im Hintergrund sind vier Szenen aus dem Leben beider Heiligen abgebildet.

Die wohlhabende Witwe Julitta und ihr dreijähriger Sohn Kirik lebten in der Stadt Ikonium in Kleinasien. Um der Christenverfolgung unter Diokletian (284–305) zu entrinnen, ließen sie alle ihre Besitztümer zurück und flohen aus der Stadt. Nach einigen Irrfahrten wurden sie in Tarsus gefangen genommen und vor den Fürsten Alexander gebracht. Als Julitta Stockschläge erdulden musste, weil sie nicht auf die Annäherungsversuche des heidnischen Kaisers einzugehen wünschte, begann Kirik sich zu widersetzen. Der Fürst Alexander nahm ihn auf den Schoß, um ihn in Schach zu halten, doch der Junge rief immerfort, dass er ebenso wie seine Mutter Christ sei und bei ihr sein wolle. Selbst das Herausschneiden seiner Zunge konnte den Jungen nicht zum Schweigen bringen. Alexander entbrannte daraufhin vor Wut und stieß den Jungen so stark von der Treppe, auf der sein Thron stand, dass Kirik mit seinem Kopf auf den Boden schlug und starb. Als Julitta daraufhin Gott dankte, dass ihr Sohn als Märtyrer gestorben war, ließ Alexander sie martern und enthaupten. Die Reliquien von Julitta und Kirik wurden zur Zeit Kaiser Konstantins des Großen entdeckt.

Julitta und Kirik sind Schutzheilige der Familie und werden für die Heilung kranker Kinder angerufen. Ihr Fest wird am 15. Juli gefeiert.

Porträtikone des heiligen Nikolaus. Nikolaus genießt in Russland eine besondere Verehrung. Er wird als der dreizehnte Apostel und als der Stellvertreter Gottes betrachtet, für den Fall, dass Gott gleichsam etwas zustoßen sollte. Während des kommunistischen Regimes ist Nikolaus denn auch immer im Hintergrund gegenwärtig gewesen.

Aufgrund seiner besonderen Verehrung und seines hohen Ranges ist Nikolaus der einzige Heilige, der ohne ein Gotteszeichen dargestellt werden darf. Bei allen anderen Ikonen ist die Gegenwart des Göttlichen gewährleistet: Die Gottesmutter trägt das Christuskind, die Engel haben das Göttliche von Natur aus in sich, und auf Festen ist auch immer ein göttliches Zeichen oder Christus in eigener Person gegenwärtig. Wenn auf der Ikone eines Heiligen das Gotteszeichen fehlt, dann war die Ikone Bestandteil eines größeren Ganzen, wie zum Beispiel einer Ikonostase, in der die Christusikone die zentrale Ikone ist. Auf Ikonen ist Nikolaus an seiner hohen Stirn und dem runden Bart zu erkennen.

Nikolaus
Russland, um 1700
31 x 26 cm

Imposante Kirchenikone, auf der in der Mitte der heilige Nikolaus in ganzer Figur abgebildet ist. In seiner rechten Hand hält Nikolaus ein Schwert und in der linken Hand ein Modell der Stadt Možajsk, die er, der Überlieferung zufolge, bei einem Angriff der Tataren beschützt haben soll. Neben dem heiligen Nikolaus Abbildungen von Christus und der Gottesmutter, die ihm das Evangeliar und die Bischofsstola reichen. Rund um das zentrale Porträt sind vierzehn Begebenheiten aus dem Leben des Nikolaus abgebildet (von links nach rechts und von oben nach unten).

1. Die Geburt des Nikolaus
2. Die Taufe des Nikolaus
3. Der junge Nikolaus heilt die verdorrte Hand einer Frau
4. Nikolaus wird zum ersten Mal zur Schule gebracht
5. Nikolaus wird zum Bischof geweiht
6. Nikolaus wirft Goldstücke in das Gemach dreier Töchter eines armen Mannes, so dass sie heiraten können und vor der Prostitution bewahrt bleiben
7. Nikolaus ermahnt Kaiser Konstantin in einem Traum, rechtgläubig zu bleiben und die Verurteilten nicht zu töten
8. Nikolaus besucht drei Männer im Gefängnis, die von Konstantin zum Tode verurteilt worden waren
9. Die Hinrichtung eines Unschuldigen – eines der drei Gefangenen – wird durch Nikolaus verhindert
10. Ein von den Sarazenen entführter Knabe namens Vasilij wird von Niklaus zu seiner Familie zurückgebracht
11. Ein Knabe namens Dimitrij wird von Nikolaus vor dem Tode durch Ertrinken im Dnjpr gerettet
12. Nikolaus treibt einen Quell- und Baumdämon aus
13. Das Entschlafen des Nikolaus
14. Das Begräbnis des Nikolaus

Nikolaus von Možajsk mit Vita

Russland (Jaroslavl'),
17. Jahrhundert
106 x 66 cm

Nikolaus von der Tür
(Ovratnij)
Russland, 1821
53,5 x 43,5 cm

Nikolaus von der Tür ist eine besondere Ikone, die einen Platz beim Eingang eines Hauses bekam. Dort, am liebsten gegenüber der Haustür, konnte er jeden beobachten, der das Haus betrat. Ungebetene Gäste gerieten so stark unter den Eindruck der gestrengen Augen des Nikolaus, dass sie unmittelbar das Haus verließen. Willkommene Gäste wussten sich begeistert durch den Heiligen begrüßt, der Haus und Herd beschützt.

In der Ikonographie des heiligen Nikolaus ist sein wachendes Auge plastisch wiedergegeben: Er scheint mit seinem Blick um eine Ecke gucken zu können.

Auf dem Rand der Ikone stehen ein ausführlicher Text und eine Datierung: „Diese Ikone ist eine wahrheitsgetreue Kopie der wundertätigen Ikone, die in Moskau in der Kirche des heiligen Nikolaus unter dem Glockenturm (des Kremls, im Volksmund bekannt als der ‚große Ivan' – die Redaktion) einen Platz hatte." Die Ikone ist der Unterschrift zufolge im Jahre 1821 gemalt worden.

Laurentius war einer der sieben Diakone der Kirche in Rom; er starb am 10. August 258 unter Kaiser Valerian (253–259) den Märtyrertod. Laurentius wurde in Aragon in Spanien geboren. Papst Sixtus II., der zum Konzil von Toledo unterwegs war, hörte von der Heiligkeit des Laurentius und beschloss, ihn zum Diakon der Kirche zu weihen. Laurentius reiste mit dem Gefolge des Papstes nach Rom. Dort sollte er die Bibliothek und die Reichtümer der Kirche bewachen.

Drei Tage nach dem Märtyrertod von Sixtus wurde auch Laurentius gefangen genommen. In den drei Tagen zwischen dem Tod des Sixtus und der Gefangennahme sollte Laurentius das Altargerät der Kirche in Rom sammeln, um es dem Kaiser abzugeben. Er verteilte es aber unter die Armen. Anschließend versammelte er alle Lahmen, Blinden und Armen, brachte diese zum Kaiser und sprach dabei die Worte: „Siehe da, dies sind unsere ewigen Schätze, die nie geringer werden, sondern immer zunehmen." Danach wurde er gezwungen den Götzen zu opfern, weigerte sich aber, wurde endlos gefoltert und schließlich enthauptet.

Dass Laurentius auf einem Rost über dem Feuer gemartert worden sein soll, ist eine Legende aus dem vierten Jahrhundert, die in Phrygien entstanden ist. Dieser Legende zufolge durfte Laurentius nach überstandenen Martern auf einem glühenden Bett ruhen. Er soll gerufen haben: „Jetzt bin ich auf einer Seite gar, bratet auch die andere Seite und esst!"

Laurentius trägt auf dieser Ikone das glänzend dekorierte Gewand des Diakons mit einem so genannten Orarion vor der Brust. Diese kreuzweise umgeworfene Stola gebraucht der Diakon, um seine Gebete zum Himmel zu begleiten. Dazu hebt er mit seiner Hand das Ende des Orarions empor, spricht die Litanei aus und schickt sein Gebet so zum Himmel. In seiner Hand hält der Diakon ein Weihrauchfass, welches das Gebet der Gläubigen symbolisiert, und ein kleines Kästchen, womit die Schätze der Kirche angedeutet werden sollen.

Laurentius
Russland, 19. Jahrhundert
205 x 68 cm

Die drei byzantinischen Hierarchen
Russland, 18. Jahrhundert
105,5 x 72 cm

Große Kirchenikone, auf der die drei byzantinischen Kirchenväter der Orthodoxie frontal stehend abgebildet sind. Links steht Gregor der Theologe, auch Gregor von Nazianz genannt, der von 330 bis 389 lebte und kurzfristig Erzbischof von Sasima war (372–375), wonach er sich wieder in ein Kloster zurückzog. In der Mitte Basilios der Große (329–379), in Caesarea geboren und später auch Erzbischof in dieser Stadt. Rechts Johannes Chrysostomos (354–407), in Antiochien geboren und später Erzbischof von Konstantinopel. Die Hierarchen haben alle drei für die frühchristliche Kirche große Beiträge geliefert, und anfänglich gedachte man ihrer an einzelnen Tagen: Gregor des Theologen am 25. Januar, Basilios des Großen am 1. Januar und Johannes Chrysostomos am 25. November. Im 11. Jahrhundert entstand allerdings unter den Christen in Konstantinopel Uneinigkeit darüber, wer der bedeutendste der drei gewesen war. Die Situation geriet so sehr außer Kontrolle, dass Sondergruppen entstanden, die sich Basilianer, Gregorianer und Johanniter nannten. Im Jahre 1084 erschienen die drei Hierarchen gemeinsam Johannes, dem Bischof von Euchaita. Die drei erzählten dem Bischof, dass sie alle vor Gott gleich gewesen seien und dass die Uneinigkeit unter den Christen aufhören müsse. Seither wird der drei Kirchenväter auch gemeinsam gedacht, nämlich am 30. Januar. Auf dem Außenrand der Ikone ist das Mandylion abgebildet.

Peter, der Metropolit von Moskau
Russland, 19. Jahrhundert
111,5 x 60,5 cm

Eupraxia, die Mutter von Peter, hatte schon vor seiner Geburt eine Vision von einem weißen Schaf (Symbol des Bischofs). Aus dem Kopf dieses Schafes wuchs ein Baum mit Früchten und brennenden Kerzen (Symbol der Gläubigen mit der Kirche). Peter trat in ein Kloster ein und bekam viele Schüler, aus denen das Kloster der Verklärung in L'vov (Lemberg) erwuchs. Im Jahre 1308 wurde er durch den Patriarchen von Konstantinopel, unter dessen Jurisdiktion die Kiever Rus' und Russland fielen, zum Metropoliten von Kiev und der ganzen Rus' ernannt. Ein Jahr später wurde der Bischofssitz nach Vladimir umgesiedelt, um 1325 nach Moskau verlegt zu werden. Moskau bekam mehr Macht, der Kreml wurde unter Peter durch die Mariä-Entschlafens-Kathedrale bereichert, wo er nach seinem Tode im Jahre 1326 beigesetzt wurde.
Peter ist auf dieser Ikone als der Metropolit von Moskau mit den Insignien seiner Bischofswürde dargestellt: Dem Omophorion oder der Bischofsstola, dem Kamelauchion oder der Kopfbedeckung des Metropoliten, dem Epigonation (der auf Kniehöhe herabhängenden Tasche) mit den Initialen „Jesus Christus siegt", dem Stab mit doppelter Schlange und dem Medaillon. Er steht auf einer Fußbank oder einem Kissen, auf dem ein Adler dargestellt ist, das alte Wappentier von Russland, bevor der doppelköpfige Adler im 15. Jahrhundert aufkam. Auffallend ist die prachtvolle Blumendekoration auf dem Ornat von Peter.
In der orthodoxen Kirche gedenkt man am 24. August (Übertragung seiner Reliquien) und am 21. Dezember (Sterbetag) Peter.

Zosima und Savvatij
Russland, 18. Jahrhundert
31 x 28 cm

Die zwei Mönche Zosima und Savvatij, in ganzer Figur und mit ihren Körpern dreiviertel zueinander hin gewandt, halten das Modell eines Klosters in Händen. Dieses Kloster ist das Verklärungskloster auf der Insel Solovki im Nördlichen Eismeer.

Savvatij kam zusammen mit einem anderen Mönch namens German im Jahre 1429 in einem schwankenden Boot auf die Große Solovki-Insel, wo sie die einzigen Bewohner, einen Fischer und seine Frau, vertrieben, um eine Einsiedelei zu gründen. Nach dem Tode Savvatijs im Jahre 1435 begegnete German dem Mönch Zosima (gest. 1478), der als der Gründer des Gemeinschaftsklosters betrachtet wird. Über dem Kloster, in einem Wolkenband, sieht man eine Abbildung der Gottesmutter des Zeichens. Die Feste der Heiligen Zosima und Savvatij werden jeweils am 17. April und 27. September (ihren Sterbetagen) gefeiert.

Aleksander Svirskij
Russland, um 1800
31,5 x 24 cm

Aleksander von Svir (Svirskij) wurde am 15. Juni 1448 geboren. Als er 19 Jahre alt war, entfloh er seinem Elternhaus, um einer arrangierten Eheschließung zu entgehen und als Mönch im Norden Russlands zu leben. Sein asketischer Lebensstil machte großen Eindruck auf andere Mönche, und er verdiente sich dadurch den Namen „Engel im Fleische". Er hatte außerdem eine Vielzahl von Schülern, darunter den heiligen Ferapontij von Ostrov.
Auf dem Rand der Ikone ist die Dreifaltigkeit des Alten Testaments abgebildet. Dies ist ein Hinweis auf die Geschichte, dass die Göttliche Dreifaltigkeit dem Mönch im Jahre 1508 in einer Vision erschien. An der Stätte seiner Klause und der Erscheinung der Dreieinigkeit sind Klöster gegründet worden. Aleksander starb am 30. August 1530.

Anna Kašinskaja, die Tochter des Fürsten von Rostov, war seit 1294 die Ehefrau des Großfürsten Michail von Tver. Nach seinem Tod im Jahre 1319 zog Anna sich unter dem Namen Euphrosyne in das Kloster in Tver zurück. Sie zog in das Mariä-Entschlafens-Kloster in Kašin um, wo sie das große Schima (die große Nonnenweihe) empfing. Nach ihrem Tode am 2. oder 12. Oktober 1337 begannen ihre Wunder. Sie klagte, dass sie zu sehr vernachlässigt werde und dass ihr Grab nicht ordentlich gepflegt werde. Als 1649 beschlossen wurde, ihre Reliquien zu übertragen, sie neu zu begraben – was am 12. Juni 1650 auch geschah – und sie heilig zu sprechen, folgte ein ununterbrochener Strom von Wundern. Dennoch entschied der Patriarch Nikon im Jahre 1677, dass sie nicht mehr als Heilige der orthodoxen Kirche verehrt werden dürfe, denn nach ihrem Tode machte sie das Kreuzeszeichen mit zwei Fingern, so wie die Altgläubigen es taten. Obgleich ihre segnende Hand immer wieder in die richtige Haltung mit drei Fingern gebracht wurde, segnete sie unablässig und hartnäckig mit zwei Fingern. Die Gläubigen ließen sich jedoch durch den kirchlichen Urteilsspruch nicht aufhalten und besuchten und verehrten Anna weiterhin. Erst während der Regierungszeit von Zar Nikolaus II., im Jahre 1909, wurde Anna am 12. Juni, dem Tag ihrer Reliquienübertragung, in ihrer Heiligkeit wieder offiziell anerkannt, und ihr Festtag – neben dem 2. Oktober – auf den 12. Juni festgelegt. (Die andere Seite der Prozessionsikone zeigt die Gottesmutter des Höhlenklosters in Kiev zusammen mit den Klostergründern Antonij und Feodosij.)

Doppelseitige Prozessionsikone: Fürstin und Nonne Anna Kašinskaja
Russland, 18. Jahrhundert
56 x 40,5 cm

Ikonostasenikone
Russland (Palech?),
19. Jahrhundert
35 x 29,5 cm

Diese Ikone stellt eine Miniaturwiedergabe einer vollständigen Ikonostasenwand dar. In der Mitte in der untersten Reihe sind die Königstüren mit den vier Evangelisten und der Verkündigung an die Gottesmutter abgebildet. Neben den Königstüren Ikonen der Gottesmutter Vladimirskaja und von Christus Pantokrator von Smolensk. In den Ecken links und rechts unten sind die Synaxis der Engel und das Entschlafen der Gottesmutter dargestellt. In der zweiten Reihe von unten sind Festtagsikonen zu sehen. In der Mitte das wichtigste Fest: Die Anastasis, die Auferstehung Christi und die Überwindung des Reiches des Todes. Darüber eine Deesis-Reihe, die aus dem thronenden Christus Pantokrator und Heiligen und Engeln besteht, die von ihm Gnade für die ganze Menschheit erflehen. In der vierten Reihe von unten ist in der Mitte die Gottesmutter mit dem Christuskind abgebildet. Neben dem Thron stehen Propheten, die das Kommen des Messias vorausgesagt hatten. Die oberste Reihe besteht aus einer Ikone der Dreifaltigkeit des Neuen Testaments, der Vaterschaftsikone, und daneben Ikonen der Vorfahren Christi aus dem Alten Testament. In den Kuppeln ganz oben sind Szenen aus der Passion Christi zu sehen. In der Mitte die Kreuzigung, darum herum der Verrat des Judas, die Grablegung und Christus im Garten Gethsemane.

Diese Reiseikonostase ist aus vier Schichten aufgebaut: Einer Erzväterreihe mit Gott dem Vater, einer Prophetenreihe mit der Gottesmutter, einer Festtagsikonen-Reihe und einer Deesis-Reihe mit Christus Pantokrator als zentraler Ikone.

Die Festtagsreihe in der zweiten Schicht der Ikonostase folgt nicht ganz dem Zeitablauf der liturgischen Feste. Die Feste der Geburt der Gottesmutter, des Einzugs der Gottesmutter in den Tempel, der Geburt Christi, der Darstellung Christi im Tempel, der Taufe Christi im Jordan, des Einzugs Christi in Jerusalem, der Kreuzigung, der Anastasis (Auferstehung) und der Himmelfahrt Christi sowie der Dreifaltigkeit des Alten Testaments folgen der gängigen Anordnung der Feste. Daran schließt sich die Enthauptung Johannes' des Täufers an, ein den zwölf Hochfesten beigeordnetes Fest. Die Kreuzerhöhung ist ebenfalls ein nicht immer zur Festtagsreihe gehörendes Fest. Die Verklärung Christi auf dem Berg Tabor „sollte" eher in diese Reihe hineingehören, und das Entschlafen der Gottesmutter schließt gewöhnlich das Dodekaortion (die Reihe der zwölf Hochfeste des orthodoxen Kirchenjahres) ab. Hiernach folgt jedoch noch das Wunder des Pokrov der Gottesmutter. Zweifelsohne hat der Auftraggeber die Auswahl und die Platzierung der Ikonen mitbestimmt. Die Gottesmutter des Höhlenklosters, die thronend zwischen den Klostergründern Antonij und Feodosij einen Platz in der Reihe der Propheten bekommen hat, muss ebenfalls auf eine persönliche Wahl zurückzuführen sein. Auch das Vorhandensein persönlicher Fürsprecher wie der Klosterheiligen und von Thekla wird der Auftraggeber selbst bestimmt haben.

In der Deesis-Reihe fällt auf, dass Paulus nicht Petrus gegenübersteht. An der Stelle von Paulus steht nun der heilige Nikolaus in der Fürbitte. Wenn jedoch der Flügel mit Paulus und Nikolaus ausgetauscht würde, wäre die Deesis-Reihe in ihrer Reihenfolge korrekt und stünden auch die Feste darüber in einer eher üblichen Reihenfolge: Tabor und die Enthauptung des Johannes sind dann mit „umgezogen" und folgen dann auch eher dem logischen Aufbau. Derartige „Fehler" im Aufbau und in der Anlage einer Ikone kommen häufig vor.

Reiseikonostase
Russland (Palech?),
19. Jahrhundert
134,5 x 46,5 cm

Dieses Tafelbild ist wahrscheinlich ein Bestandteil einer Hauskapelle einer reichen Familie oder einer bescheidenen Kapelle eines Klosters gewesen. Die unterste Reihe zeigt eine vollständige Deesis mit dem thronenden Christus Pantokrator inmitten von sechzehn Heiligen und zwei Engeln im Zentrum. In der Mitte sind sieben Abbildungen von Festtagen zu sehen (von links nach rechts):

1. Geburt der Gottesmutter
2. Christi Geburt
3. Taufe Christi im Jordan
4. Anastasis (Auferstehung)
5. Verkündigung an die Gottesmutter
6. Christi Himmelfahrt
7. Dreifaltigkeit des Alten Testaments

Auffällig ist der Platz, den die Verkündigung an die Gottesmutter in dieser Festtagsreihe einnimmt. Üblicherweise ist die Verkündigung vor der Geburt Christi anzusetzen. Wahrscheinlich ist man von der logischen Reihenfolge abgewichen, damit die Anastasis als das wichtigste Fest doch die zentrale Position auf der Ikonostase einnehmen konnte und damit die beiden Geburten der Gottesmutter und Christi als Vorbilder nebeneinander stehen konnten. In der obersten Reihe ist im Mittelpunkt die Gottesmutter des Zeichens inmitten der alttestamentlichen Propheten abgebildet.

Ikonostasenwand
Russland, um 1600
68 x 161 cm

Jahresikone
Russland, 19. Jahrhundert
88 x 71 cm

Sehr fein gemalte Ikone, auf der für jeden Tag des Jahres Heilige oder christliche Festtage abgebildet sind. In der Mitte ist der wichtigste Festtag, die Anastasis, abgebildet: Die Auferstehung Christi und sein Sieg über das Reich des Todes, aus dem Adam als erster Mensch gerettet wird. Nach Adam folgt ein langer Zug alttestamentlicher Heiliger, Propheten und Könige, der mit Johannes dem Vorläufer (dem Täufer) endet. Um die Darstellung der Anastasis herum sind unter anderem die Erscheinung Christi am See Tiberias und seine Erscheinung vor den Emmausjüngern zu sehen. Links oben ist eine eingerahmte Miniaturdarstellung der Kreuzigung gemalt. Um die zentrale Ikone herum sind in zwölf Rahmen die Monate des Jahres abgebildet. Die Tage des Monats werden über den Heiligen mit Buchstaben in roten Kreisen angedeutet. Auf dem äußersten Rand der Ikone sind 136 unterschiedliche Typen von Gottesmutterikonen zu sehen. Die Ikone zählt etwa 1000 einzelne Figuren.

Gottesmutter aus einer Deesis
Russland, zweite Hälfte des 19. Jahrhunderts
29,5 x 25,5 cm

Die Gottesmutter, abgebildet im Büstenformat, hat ihr Haupt leicht gebeugt und nach links, für den Betrachter nach rechts, gewandt. Der Gesichtsausdruck ist fromm. Die Ikone war wahrscheinlich Bestandteil einer Dreifiguren-Deesis mit Christus Pantokrator („Allherrscher") als zentraler Ikone und Johannes dem Vorläufer auf der rechten Ikone. Die Namenszeichen **ΜΡ ΘΥ** sind in den Rand eingraviert, und die drei Sterne auf ihrem Mantel strahlen wie echte Juwelen. Diese drei Sterne sind von den Dekorationen des Gewandes der Kaiserin abgeleitet: Zwei Fibulae (Zierspangen), die dazu dienen, das Gewand an seinem Platz zu halten, und ein Diadem auf ihrem Haupt. Durch die Kirchenväter und spätere Theologen sind die drei Sterne zu den Symbolen der Dreieinigkeit geworden.

МР
ѲУ

Gottesmutterdarstellung vom Typ Hodegetria („Wegführerin"). Die Gottesmutter hat das Christuskind auf dem linken Arm und weist mit der rechten Hand auf Christus hin. Das Kind hält eine Schriftrolle in der linken Hand und macht mit der rechten Hand einen Segensgestus. Kennzeichnend für diesen Abbildungstypus ist, dass die Körperhaltung von Mutter und Kind ziemlich hoheitsvoll wirkt und dass ihrer beider Blick ganz auf den Betrachter gerichtet ist.

Die russische Geschichte der Ikone beginnt im Jahr 1046, als die byzantinische Prinzessin Anna einen russischen Fürsten heiratet und die Ikone in ihrer Aussteuer mitnimmt. Der Fürst, der Vladimir Monomach heißt, gab der Ikone einen Ehrenplatz in der Kirche in Smolensk, wo sie bis 1396 verblieb. Danach kam sie nach Moskau, um im Jahre 1456 wieder nach Smolensk zurückzukehren. Inzwischen war in Moskau eine Kopie der Ikone angefertigt worden, die den Namen Gottesmutter von Smolensk bekam.

Die Gottesmutter von Smolensk vermochte im Jahre 1812 die Moral der russischen Truppen so sehr zu stärken, dass sie Napoleon bei Borodino besiegten. Im Zweiten Weltkrieg ist die Originalikone verschwunden.

Auf dem Rand der Ikone sind der Erzengel Michael und ein nackter „Narr um Christi willen" abgebildet. Vielleicht ist dies Vasilij, der sein Leben als Asket auf dem Roten Platz fristete und in der Mariä-Schutz-Kathedrale (besser bekannt als Basiliuskathedrale) auf dem Roten Platz begraben wurde.

Auf der Ikone ist ein silberner „Oklad" angebracht, ein Geschenk an die Gottesmutter. Das Fest der Gottesmutter Hodegetria von Smolensk wird am 28. Juli gefeiert.

Gottesmutter Hodegetria von Smolensk
Smolenskaja
Russland, 17. Jahrhundert
34,5 x 28 cm

Gottesmutter von Jerusalem
Jerusalimskaja
Russland, 17. Jahrhundert
44 x 35,5 cm

Kennzeichnend für Ikonen der Gottesmutter Jerusalimskaja ist, dass das Christuskind auf dem rechten Arm der Gottesmutter sitzt, während die Mutter mit ihrem linken Arm auf ihr Kind hinweist. Die Abbildung ist damit das Spiegelbild der meisten Ikonen des Typs Hodegetria („Wegführerin“). Diese werden auch „Dexiokratousa“ genannt, oder „Die mit rechts Tragende“. Mutter und Kind haben ihren Blick nicht auf den Betrachter, sondern zueinander gerichtet.

Der Überlieferung zufolge wurde die ursprüngliche Ikone der Gottesmutter Jerusalimskaja fünfzehn Jahre nach der Himmelfahrt Christi von dem Evangelisten Lukas gemalt. Die Ikone hat jedoch im Laufe der Jahrhunderte häufig ihr Domizil gewechselt. So soll die Jerusalimskaja im Jahre 463 nach Konstantinopel überbracht und vom Heer der Byzantiner in den Kampf gegen die Skythen mitgeführt worden sein. Der russische Fürst Vladimir empfing die Ikone 988 als Geschenk, als die Ikone in die Stadt Korsun überbracht wurde. Einige Zeit danach wurde die Ikone der Bevölkerung der Stadt Novgorod geschenkt, als diese sich zum Christentum bekehrt hatte. Der bekannte Fürst Ivan der Schreckliche brachte die Ikone anschließend im Jahre 1571 in der Mariä-Entschlafens-Kathedrale in Moskau unter, wo die Ikone bis zum Einfall der Truppen Napoleons blieb. Die französischen Truppen nahmen die Gottesmutter Jerusalimskaja als Kriegsbeute nach Paris mit, woraufhin eine Kopie in der Kathedrale in Moskau angebracht wurde.

Das Fest der Gottesmutter Jerusalimskaja wird am 12. Oktober und 13. November gefeiert.

Gottesmutter von Tichvin
Tichvinskaja
Russland, um 1800
53 x 46,5 cm

Gottesmutterdarstellung vom Typ Hodegetria („Wegführerin"). Die Gottesmutter hat das Christuskind auf ihrem Schoß und weist mit der rechten Hand auf Christus hin. Das Kind hält in der linken Hand eine Schriftrolle und macht einen Segensgestus. Charakteristisch für diesen Abbildungstyp ist, dass das Christuskind die Ferse seines linken Fußes zeigt, ein Verweis auf Genesis 3,15: „Feindschaft will ich stiften zwischen dir und der Frau, zwischen deinem Samen und ihrem Samen; er wird dir den Kopf zertreten, und du wirst nach seiner Ferse schnappen."

Wie viele Gottesmutterikonen, so soll auch diese durch den Evangelisten Lukas angefertigt worden sein. Fischer sahen im Jahre 1383 die Gottesmutter mit einem Kind auf einer Wolke über dem Ladogasee bei Tichvin in der Nähe von Novgorod. Immer wieder erschien die Ikone. An den Orten der Erscheinung bauten die Gläubigen aus Dankbarkeit eine Kapelle, bis die Gottesmutterikone im Städtchen Tichvin blieb. Die Kirche ist mehrmals durch Brand zerstört worden, doch die Ikone blieb dabei unversehrt. Auch feindliche Angriffe wurden durch das Umhertragen der Ikone immer wieder abgewehrt. Auf dem Rand sind links die Priestermönche Antipas und Zosima abgebildet. Rechts sehen wir Jakob und Savvatij.

Das Fest der Gottesmutter von Tichvin wird am 26. Juni gefeiert.

МР ѲУ
IC ХС

Gottesmutter der Passion
Strastnaja
Russland, 17. Jahrhundert
89 x 64 cm

Die Ikone der Gottesmutter der Passion ist sowohl in der russisch-orthodoxen als auch in der römisch-katholischen Kirche eine bekannte Abbildung. Charakteristisch ist, dass das Christuskind auf dem linken Arm der Gottesmutter sitzt und bei seiner Mutter Zuflucht sucht. Das Kind hält mit beiden Händen die rechte Hand der Gottesmutter fest und blickt hinter sich auf einen der beiden Engel, die neben dem Kopf seiner Mutter abgebildet sind. Die Engel zeigen gewöhnlich die Passionswerkzeuge: Kreuz, Lanze und Ysopstängel, doch diese sind auf der hier gezeigten Ikone nach ihrer Restauration nicht mehr vorhanden. Charakteristisch für die Abbildung ist auch der lose Schuh oder die lose Sandale, die direkt unter dem rechten Fuß des Kindes abgebildet ist. Dieses Motiv der entblößten Ferse – der Achillesferse – wird zumeist als Hinweis auf den Verrat des Judas interpretiert, kann aber auch als ein Verweis auf Genesis 3,15 aufgefasst werden: „Feindschaft will ich stiften zwischen dir und der Frau, zwischen deinem Samen und ihrem Samen; er wird dir den Kopf zertreten, und du wirst nach seiner Ferse schnappen."

Die ursprüngliche Ikone der Gottesmutter der Passion ist auf Kreta unter dem Einfluss der italienischen Madonnenmalerei entstanden. Andrea Ricco di Candia wird die Ikone zugeschrieben, die in Rom eine besondere Verehrung genoss. Jene Ikone ist im neunzehnten Jahrhundert, nachdem sie verschiedene Brände überstanden hatte, von dem damaligen Papst Pius IX. im Jahre 1867 zum Palladium der römisch-katholischen Kirche ausgerufen worden. Sie hängt in der Kirche San Alfonso in Rom.

Das Fest der Gottesmutter der Passion wird am 30. April und am 13. August gefeiert.

Dreihändige Gottesmutter
Troeručnica
Russland, 19. Jahrhundert
43,5 x 34,5 cm

Ikone des Typs Hodegetria. Die Gottesmutter trägt das Christuskind auf dem rechten Arm und weist mit der linken Hand auf Christus hin. Auffällig ist die Abbildung des dritten Armes in der Mitte der Ikone. Einer Legende zufolge wurde Johannes von Damaskus unter Kaiser Leo III. die rechte Hand abgehackt. Er schrieb mitten in der Zeit des Ikonoklasmus (726–843) ein Loblied auf die Gottesmutter, was ihm bei manchen keine hohe Wertschätzung eintrug. Als Johannes vor einer Ikone der Gottesmutter von Jerusalem betete, wurde der Arm geheilt und Johannes fügte als Votivgabe eine dritte Hand in die Ikone ein. Als Erinnerung an die Legende wurde diese Ikone nachgemalt, und so entstand die Dreihändige Gottesmutter als selbstständige Abbildung. Das Fest der Dreihändigen Gottesmutter wird am 28. Juni und 12. Juli gefeiert.

Die Gottesmutter Kazanskaja ist eine der bekanntesten und beliebtesten Ikonen in Russland. Die Kazanskaja ist die Patronin der Hausfrauen und der Mütter. Die Darstellung folgt dem Typ der Hodegetria. Die Gottesmutter ist im Büstenformat abgebildet, und das Christuskind ist vor ihr stehend dargestellt. Die Hände der Gottesmutter sind nicht zu sehen. Nur ihr Haupt neigt sich zum Christuskind hin. Das Kind macht mit der rechten Hand einen Segensgestus, während der linke Arm unter dem Obergewand verborgen bleibt.

Die Ikone ist im „realistischen" Stil der Rüstkammern des Kreml gemalt. Im siebzehnten Jahrhundert wurden hier viele Ikonen gemalt, die dem westlichen Geschmack entsprachen. Das Angesicht von Mutter und Kind weist eine gewisse Plastizität auf, in der Dunkel und Licht für Lebendigkeit sorgen. Auffällig ist auch der Text neben Christus, der von der griechischen Abkürzung IC XC abweicht. Hier ist der Name in Kirchenslawisch abgekürzt: IHC XC, womit das Nationalbewusstsein der Russen und ihre Unabhängigkeit vom früheren Byzanz zum Ausdruck gebracht wird.

Das Fest der Kazanskaja wird am 8. Juli und 22. Oktober gefeiert.

Gottesmutter von Kazan
Kazanskaja Russland (Rüstkammern des Kremls), 17. Jahrhundert
90 x 71,5 cm

Um die zentrale Ikone der Gottesmutter von Kazan herum ist die Entstehungsgeschichte der Ikone bildlich dargestellt. In dieser Geschichte erscheint die Gottesmutter im Jahre 1579 in einem Traum einem einfachen Bauernmädchen. Sie erzählt dem Mädchen, dass an dem Ort, wo einst die Kirche stand, die in Flammen aufgegangen ist, gegraben werden müsse, weil ihre Ikone den Brand überlebt habe. Obwohl die Vision des Mädchens anfänglich als Einbildung abgetan wird, gräbt man schließlich doch an dem angegebenen Ort, und die Ikone der Gottesmutter kommt nahezu unversehrt wieder zum Vorschein. Durch den Brand ist lediglich die Unterseite der Ikone angegriffen worden, wodurch ein neuer Ikonentyp ohne die Hände der Gottesmutter entstanden ist, der, anders als bei dem Typ der Hodegetria, ohne die Hände der Gottesmutter auskommt.

Die Ikone wird in einer neuen Kirche aufgestellt und bewirkt dort viele Wunder. Im Jahre 1612 wird die Ikone im Kampf gegen die Polen in vorderster Schlachtreihe mitgeführt. Nach dem für die Russen günstigen Verlauf gibt Zar Peter der Große der Ikone einen Ehrenplatz in der Kazaner Kathedrale in St. Petersburg. Die Original-Ikone ist während des russisch-japanischen Krieges (1904–1905) verloren gegangen.

Auf dem Rand sind die Heiligen Sergij und Matrona abgebildet.

Vita-Ikone der Gottesmutter von Kazan
Kazanskaja
Russland, 19. Jahrhundert
45 x 37 cm

Himmelskönigin und König der Könige
Bulgarien, 18. Jahrhundert
32 x 40 cm (geöffnet)
32 x 21 cm (geschlossen)

Dieses Triptychon der Himmelskönigin und des Königs der Könige ist ein typisches Beispiel für eine Ikone aus der Zeit der „bulgarischen Wiedergeburt". In dieser Zeit wuchs das Nationalbewusstsein der Bulgaren und mit ihm der Widerstand gegen die türkische Fremdherrschaft. Die Gottesmutter als Königin und Christus als König sind die höchsten Herrscher und stehen über jeglicher anderen Autorität (lies: der Türken). Deshalb trägt Christus auch eine Weltkugel mit Kreuz. Das Kleid der Gottesmutter ist mit Blumen verziert, die an die Rosen, den Nationalstolz von Bulgarien, erinnern sollen. Die Gegenwart der beiden Soldatenheiligen Georg und Demetrius verstärkt noch den nationalen Kampfgeist. Georg besiegt das Böse in der Gestalt eines Monsters, Demetrius zertritt einen Mann unter den Beinen seines Pferdes, der verdächtig stark einem Türken mit einem Krummsäbel ähnelt. Links oben ist wahrscheinlich der Apostel Johannes mit einer Schriftrolle abgebildet, rechts oben ist der heilige Nikolaus mit einem Evangelienbuch dargestellt.

Einzigartig ist der Text bei der Gottesmutter. Nicht ihre vertrauten griechischen Namenszeichen sind wiedergegeben, sondern ihr kompletter Titel in Kirchenslawisch: Mutter Gottes.

Gottesmutter vom Höhlenkloster in Kiev mit den Klostergründern Antonij und Feodosij Pečerskaja
Doppelseitige Prozessionsikone
Russland, 18. Jahrhundert
56 x 40,5 cm

Antonij (983–1073), ein russischer Mönch vom Berg Athos, kam 1051 nach Kiev, um am hohen Ufer des Dnjepr eine Einsiedelei zu gründen. Schüler und Bewunderer ließen sich in Höhlen in seiner Umgebung nieder. Aus diesem Komplex ist unter einem seiner Nachfolger, Feodosij (1036–1074), das Höhlenkloster gewachsen. Er wird als der Gründer des Klosters betrachtet, und er war es, der die große Mariä-Entschlafens-Kathedrale auf dem Klostergelände erbaute. Das Kloster steht unter dem Schutz der Gottesmutter. Auf Ikonen ist sie denn auch zwischen den beiden Gründern thronend dargestellt. Antonius, links, trägt das große Schima mit einem Capuchon (einer Mönchskappe). Dieses Mönchsgewand ist denjenigen vorbehalten, die bis in die äußerste Phase der Askese und Kontemplation vorgedrungen sind.

Das Fest der Gottesmutter des Höhlenklosters wird am 3. Mai (dem Tag Feodosijs) gefeiert. (Die andere Seite der Prozessionsikone zeigt die Fürstin und Nonne Anna Kašinskaja.)

Gottesmutter des Zeichens von Novgorod
Znamenie-Novgorodskaja
Russland, um 1700
32 x 27 cm

Die Gottesmutter ist in Orantehaltung, im Halbformat und mit erhobenen Händen abgebildet. Vor ihr ist Christus als präexistenter Sohn Gottes abgebildet, der von einer Gloriole (einem Strahlenkranz in Medaillonform) umgeben ist. Die Abbildung verweist auf eine Prophetie Isaias' (Isaias 7,14): „Darum wird der Herr selbst euch ein Zeichen geben: Siehe, die Jungfrau wird empfangen und einen Sohn gebären und seinen Namen ‚Immanuel' [„Gott mit uns"] nennen."
Die Gottesmutter des Zeichens ist die Schutzikone der Stadt Novgorod. Die Gottesmutter des Zeichens bewirkte im Jahre 1169 in Novgorod ein großes Wunder, als diese Stadt durch die feindlichen Truppen von Suzdal' belagert wurde. Ihre Ikone auf den Wehrgängen der Stadtmauern von Novgorod wehrte die abgefeuerten Pfeile ab, und die Gottesmutter begann sogar zu weinen. Der Feind konnte gegen so viel göttliche Hilfe nichts ausrichten und zog wieder ab. Novgorod war gerettet.
Die Festtage der Gottesmutter des Zeichens werden am 28. März, 20. Juli und 27. Oktober begangen.

Gottesmutter
des Zeichens von Kursk
„von der Wurzel“
Znamenie-Kurskaja
„Korennaja“
Russland, um 1800
31 x 26,5 cm

Über der Gottesmutter des Zeichens, in einem Wolkenband, ist Gott der Vater (der Herr Sabaoth) abgebildet. Er hat beide Hände segnend erhoben. Vor ihm, in einem Strahlenkranz, ist der Heilige Geist in der Gestalt einer weißen Taube abgebildet. Um die zentrale Abbildung der Gottesmutter des Zeichens herum sind alttestamentliche Könige und Propheten zu sehen, die das Kommen des Christuskindes vorausgesagt hatten: Die Könige David und Salomo, Moses und Daniel, Isaias und Jeremias, Gideon, Habakuk und Elias. Die alttestamentlichen Heiligen sind durch blühende Zweige miteinander verbunden. Das Wort Korennaja bedeutet buchstäblich „von der Wurzel“, ein Hinweis auf Isai aus dem Stamm Juda. Die Randheiligen sind Ephtimij der Große und Paraskeva.
Das Fest der Gottesmutter Znamenie-Kurskaja „Korennaja“ wird am 8. März, 8. September und 27. November gefeiert.

Gottesmutterikone vom Typ Eleousa („die Barmherzige"). Die Gottesmutter hält das Kind auf dem rechten Arm und weist mit der linken Hand auf Christus hin. Die Wangen von Mutter und Kind sind aneinandergedrückt. Charakteristisch für die Vladimirskaja ist, dass das Christuskind die Unterseite des rechten Fußes zeigt.

Die Ikone der Gottesmutter von Vladimir soll von dem Evangelisten Lukas gemalt worden sein. Die ursprüngliche byzantinische Ikone kam als Teil einer Mitgift nach Kiev. Im Jahre 1158 wurde die Ikone nach Vladimir überbracht und kam in die Mariä-Entschlafens-Kirche. Dieser Stadt verdankt die Ikone ihren Namen, den sie auch behielt, als sie im Jahre 1395 nach Moskau verlegt wurde. Viele Wunder hat die Gottesmutter gewirkt, auch als Feldherrin: Die Tataren und die Polen wurden dank ihres Eingreifens besiegt. In der Mariä-Entschlafens-Kathedrale wurde sie bis zur Oktoberrevolution verehrt und gepriesen. Danach wurde die Ikone als „Kulturbesitz" untersucht und gesäubert und von vielen Übermalungen befreit. Die hier abgebildete Ikone folgt getreu dem Original.

Neben der zentralen Darstellung sind zwei Randheilige abgebildet. Links der Schutzengel und rechts Helena. Die Ikone ist von einem silbernen „Oklad" aus schöner Gravier- und Treibarbeit, der den Hintergrund abdeckt, aber die Figuren in ihrer Gesamtheit freilässt, bedeckt. Auffällig ist, dass das Maphorion der Gottesmutter ebenfalls Bestandteil des Oklad ist und dass die Gottesmutter mit Silber gekrönt ist. Ein liebenswertes Detail ist, dass auch der „Oklad" im Jahre 1817 in Vladimir angefertigt wurde.

Das Fest der Vladimirskaja wird am 21. Mai, 23. Juni und 26. August gefeiert.

Gottesmutter von Vladimir
Vladimirskaja
Russland, um 1800
29 x 23 cm

Gottesmutter von Feodor
Feodorovskaja
Russland (Mstëra),
19. Jahrhundert
35,5 x 31 cm

Der Überlieferung zufolge wurde die ursprüngliche Abbildung der Gottesmutter Feodorovskaja durch den Evangelisten Lukas gemalt. Die Abbildung weist eine große Ähnlichkeit mit der Gottesmutter von Vladimir auf: Auf beiden Ikonentypen sitzt das Christuskind auf dem rechten Arm der Gottesmutter und hat den linken Arm um den Hals der Gottesmutter gelegt. Der wichtigste Unterschied zur Vladimirskaja ist, dass bei der Feodorovskaja das linke Bein des Christuskindes bis zum Knie entblößt ist.
Das Fest der Gottesmutter Feodorovskaja wird am 14. März und am 16. August gefeiert.

Gottesmutter von Feodor mit Vita
Feodorovskaja
Russland, um 1800
53 x 44,5 cm

Auf den zwölf Abbildungen um die zentrale Ikone der Gottesmutter Feodorovskaja herum, die eine Variante der Ikone der Gottesmutter Vladimirskaja ist, sind Wunder dargestellt, die dieser Ikone zugeschrieben werden.
Die Ikone der Gottesmutter Feodorovskaja erschien zum ersten Mal dem russischen Fürsten Vasilij Jaroslavič Kvasnin der Stadt Kostroma während einer Jagdpartie im Jahre 1239. Sie hing in einem Baum, unter dem die Jaghunde bellend stehen blieben. Die Ikone wurde in die Kirche des heiligen Theodoros Stratelates in dem Dörfchen Gorodec gebracht. Der Heilige selbst soll die Ikone von seiner Kirche zu der in Kostroma überbracht haben. Diesem Ereignis verdankt die Ikone ihren Namen: Gottesmutter von Theodoros, im Russischen Feodorovskaja.
Die Ikone bewirkte viele Wunder. So schlug sie einen Angriff der Tataren ab und sie überlebte einen Brand, der die gesamte Kirche zerstört hatte. Die Ikone wurde in einer neuen Kirche untergebracht, wo sie unaufhörlich Wunder stattfinden ließ. Auch diese Kirche ist am Ende des zwanzigsten Jahrhundert größtenteils in Flammen aufgegangen, doch in den Schutthaufen ist die Ikone unversehrt wieder aufgefunden worden. Vor der Ikone der Feodorovskaja in Kostroma ist am 14. März 1613 Michail Romanov gesegnet worden, bevor er zum Zaren von Russland gekrönt wurde. Die Ikone wurde dabei zur Schutzikone des Hauses Romanov ausgerufen.

Gottesmutter der Zärtlichkeit
Umilenie
Russland, 19. Jahrhundert
35,5 x 29,5 cm

Die Gottesmutter hält das Christuskind auf ihrem linken Arm und hat ihren rechten Arm um die Schultern des Kindes geschlungen. Das Kind hält mit seiner linken Hand das Kinn der Gottesmutter fest und hat seine Wange gegen ihr Gesicht gedrückt. Dem Text zufolge wird sie die Allheilige Gottesmutter Umilenie genannt, eine Variante der Gottesmutter von Vladimir.
Auf dem Rand stehen zwei Heilige, links ein Schutzengel, rechts die heilige Matrona.

Gottesmutter „Linderung der Not der Leidenden" oder „Vor Unheil Bewahrende"
Ot bed straždušćich
Russland, 18. Jahrhundert
71 x 54,5 cm

Seltene Abbildung der Gottesmutter mit dem Christuskind. Charakteristisch für diese Abbildung ist, dass Christus auf dem linken Arm der Gottesmutter sitzt und dass die Mutter auf Christus hinweist, so wie in der Ikonographie der Gottesmutter Hodegetria. Die Gottesmutter ist gekrönt und trägt unter ihrer Krone einen rosa Schleier mit einer blauen Auskleidung, der vom Christuskind berührt wird. Über die Entstehung und die Bedeutung dieser Abbildung der Gottesmutter ist beinahe nichts bekannt.

Gottesmutter Pelagonitissa
Russland, 19. Jahrhundert
34,5 x 28 cm

Die erste Pelagonitissa-Ikone wurde im Jahre 1422 von dem meisterlichen Ikonenmaler Makarios Zographos gemalt. Charakteristisch für die Abbildung ist, dass das Christuskind seine Mutter umarmt und sich zugleich nach dem Betrachter umsieht. Das Kind berührt mit der rechten Hand das Gesicht der Gottesmutter, während die linke Hand ihre Hand zu suchen scheint. Trotz des spielerischen Eindrucks, den das Christuskind macht, blickt die Gottesmutter ernst. Es bestehen deshalb zwei Lesearten bezüglich der Bedeutung und Absicht der Abbildung. Die erste Auslegung betont den verspielten Charakter und die Zärtlichkeit der Abbildung, die sich an dem zappelnden nackten Bein und der Berührung zwischen der Mutter und dem Kind zeigen. In der zweiten Auslegung wird die Körperhaltung des Kindes nicht als verspielt interpretiert, sondern als durch das nahende Leiden erschrocken interpretiert – vergleichbar mit der Gottesmutter der Passion: Das Kind umarmt gleichsam zusammengezuckt seine Mutter.

Der Überlieferung zufolge soll die erste Ikone vom Typ Kikkskaja-Milostivaja von dem Evangelisten Lukas selbst gemalt worden sein. Charakteristisch ist, dass das Christuskind auf dem linken Arm der Gottesmutter sitzt und die Wange gegen das Gesicht seiner Mutter gedrückt hat, während der Blick abgewandt ist. Die Gottesmutter hält mit ihrer rechten Hand den Unterarm des Kindes fest. Die entblößten Beine sind ein Vorverweis auf die Leiden Christi.

Das Kind zeigt eine geöffnete Schriftrolle, meist mit einem Textabschnitt aus Lukas 4,18: „Der Geist des Herrn ist auf mir, denn er hat mich gesalbt; Armen frohe Botschaft zu bringen, sandte er mich, Gefangenen Befreiung zu künden und Blinden das Augenlicht, Gequälte zu entlassen in Freiheit." Oder der Text ist aus Isaias 61,1 entnommen: „Der Geist des Gebieters und Herrn ruht auf mir, da der Herr mich gesalbt hat. Den Armen Frohes zu melden, hat er mich gesandt, zu heilen, die gebrochenen Herzens sind, Befreiung zu künden den Gefangenen, den Gefesselten Lösung [der Stricke]."

Die Ikone hat ihren Namen ihrem Aufenthaltsort im Kykkos-Kloster auf der Insel Zypern zu verdanken. Als die Ikone im Jahre 1576 mit einer silbernen Bedeckung versehen wurde, wurde darauf erstmals der Name Kikkiotissa geschrieben. Dieser Name ist im Slawischen zu Kikkskaja geworden.

Das Fest der Gottesmutter Kikkskaja-Milostivaja wird am 26. Dezember gefeiert.

Gottesmutter von Kykkos
Kikkskaja-Milostivaja
Russland, 18. Jahrhundert
33 x 26 cm

Gottesmutter vom Dnjepr
Dnjeprskaja
Russland, 19. Jahrhundert
27 x 22 cm

Die seltene Ikone der Gottesmutter vom russischen Fluss Dnjepr ist eine Variante der Ikone der Gottesmutter Korsunskaja, die nach der russischen Stadt Korsun am Schwarzen Meer benannt ist. Die Gottesmutter und Christus bezeugen ihre gegenseitige Zuneigung dadurch, dass sie die Wangen gegeneinander halten, wie auf allen Ikonen der Gottesmutter vom Typ Eleousa („die Barmherzige").
Christus hat die geschlossene Rolle des Logos – das Wort – in seiner Hand. Die Heiligen auf dem Rand der Ikone sind der Schutzengel und Bischof Ephtimij.

Gottesmutter Leben spendende Quelle
Živonosnyi istočnik
Russland, 18. Jahrhundert
30,5 x 27 cm

Die Gottesmutter ist sitzend in einem goldenen Pokal abgebildet, der in einem achteckigen Wasserbecken steht. Auf ihrem Schoß sitzt das Christuskind, das mit seiner rechten Hand einen Segensgestus macht. Weltliche und kirchliche Führer laben sich an dem Wasser aus der Quelle. Im Vordergrund ist sichtbar, wie auch körperlich Kranke mit dem heilenden Wasser besprengt werden. Ein Schutzengel begleitet eine Gruppe von Pilgern zur Quelle. Zwei Erzengel, die auf einer Wolke stehen, flankieren die Gottesmutter und das Christuskind. Ihre Häupter sind in Verehrung und Anbetung zur Gottesmutter und zum Christuskind hin gebeugt; in ihren Händen halten sie einen Diskos, auf dem das Wort „heilig" steht.

An mehreren Stellen im Alten und Neuen Testament wird lebendiges Wasser als Symbol des Geistes und Segens Gottes erwähnt, beispielsweise während der Begegnung zwischen Jesus und der samaritanischen Frau: „Wenn du um die Gabe Gottes wüsstest und wer es ist, der zu dir sagt: Gib mir zu trinken, du würdest ihn bitten, und er gäbe dir lebendiges Wasser" (Johannes 4,10).

Die Fische im Wasserbecken weisen auf ein Wunder hin, das im Jahre 1453 geschah. Die Stadt Konstantinopel fiel unter den Truppen Mehmeds II., des Eroberers. Ein Kurier kam, um die Botschaft den Mönchen im Kloster der Leben spendenden Quelle mitzuteilen. Die Mönche, die gerade an diesem Freitag damit beschäftigt waren Fische zu rösten, glaubten dem Boten nicht. Sie sagten, dass sie noch eher glaubten, dass die gerösteten Fische wieder lebendig würden, als dass die Stadt unter den Moslems gefallen sein sollte. Die Fische sprangen aus der Pfanne in den Teich und schwammen wieder fröhlich umher: Konstantinopel war gefallen.

Das Fest der Gottesmutter Leben spendende Quelle wird am Freitag während der Osterwoche gefeiert.

Gottesmutter des Akathistos-Hymnus
Akafistnaja
Russland, 19. Jahrhundert
52,5 x 45 cm

Auf dieser Ikone sind die Gottesmutter und das Christuskind in einem Kreis abgebildet. Die Gottesmutter hält das Christuskind auf dem linken Arm. Das Kind hält mit seinen Händen den kleinen Finger und den Daumen der rechten Hand der Gottesmutter fest. Sowohl Mutter als auch Kind tragen eine Krone. Der in den Kreisrand eingetragene Text lautet: „O allbesungene Mutter, die du das heiligste Wort aller Heiligen geboren hast, erlöse jetzt, die Darbringung annehmend, alle von allem Unglück, und befreie von der zukünftigen Strafe diejenigen, welche zusammen rufen: Alleluja!"
Um das Zentrum der Ikone mit der Gottesmutter und dem Christuskind sind zwölf Medaillons zu sehen. In jedem Medaillon wird mittels eines Symbols ein Teil des Akathistos-Hymnus paraphrasiert. Der Akathistos-Hymnus wurde der Überlieferung zufolge von Romanos dem Meloden als Hymne für die Gottesmutter geschrieben, die stehend (Akathistos = nicht sitzend) zu ihr gebetet werden müsse. Der Hymnus besteht aus 24 Strophen, die alle mit einem Buchstaben des griechischen Alphabets beginnen. Die ersten zwölf Strophen sind historischen Charakters und besingen die Menschwerdung Christi, die zweiten zwölf Strophen sind mystisch angelegt und rühmen die Gottesmutter und Christus auf eher dogmatische Weise. Die geraden Strophen werden mit einem Alleluja abgeschlossen, die ungeraden mit einem Gruß.
Das Fest der Gottesmutter des Akathistos-Hymnus wird am fünften Samstag der Großen Fastenzeit gefeiert.

Gottesmutter
des Hymnus
„ O Allbesungene"
Ovsepetaja
Russland, 18. Jahrhundert
90,5 x 70,5 cm

Die im Halbformat abgebildete Gottesmutter trägt das Christuskind auf ihrem linken Arm und weist mit der rechten Hand auf Christus hin. Das Maphorion (der Kopf- und Schulterschleier) der Gottesmutter ist sehr farbenprächtig gestaltet, und auf den Säumen steht ein Text geschrieben, der aus dem dreizehnten Kontakion des Akathistos-Hymnus stammt: „O allbesungene Mutter, die du das heiligste Wort aller Heiligen geboren hast, erlöse jetzt, die Darbringung annehmend, alle von allem Unglück, und befreie von der zukünftigen Strafe diejenigen, welche zusammen rufen: Alleluja!"
Die drei Sterne, die normalerweise auf dem Maphorion abgebildet sind, sind durch Porträts von Engeln ersetzt. In den Nimbus der Gottesmutter ist eine Krone gemalt. Das Christuskind ist ebenfalls mit einem farbenprächtigen Gewand bekleidet. Das linke Knie ist leicht angezogen, und ein Teil des Beines entblößt. Das Kind streckt beide Arme nach seiner Mutter aus.
Das Fest der Gottesmutter Ovsepetaja wird am 6. Oktober gefeiert.

МР
ѲУ

Die im Halbformat abgebildete Gottesmutter hält das Kind auf ihrem linken Arm. Die Leiter vor ihrer Brust ist eine Darstellung der fünften Strophe des Akathistos-Hymnus: „Freue dich, himmlische Leiter, auf welcher Gott herabstieg; freue dich, Brücke, welche die Bewohner der Erde zum Himmel führt." Der Fels, vor dem eine gekrönte Figur abgebildet ist, verweist auf die Kirche, in der Christus als König und Hoherpriester regiert.
Um die zentrale Darstellung herum sieht man einen achtzackigen Stern mit vier Engeln und den Symbolen der vier Evangelisten. Der achtzackige Stern ist in acht Rosenblätter mit ebenso vielen Engeln eingebettet. Die Engel weisen Attribute auf, die auf den Akathistos-Hymnus hindeuten, in dem die Gottesmutter als eine nicht verwelkende Rose verehrt wird. Der Text bei den Rosenblättern lautet: „Der sich die Winde macht zu seinen Boten, zu seinen Dienern Feuerflammen" (Psalm 104,4).
In den Ecken sehen wir Abbildungen von vier alttestamentlichen Visionen: Moses und der brennende Dornbusch (links oben); einen Seraph, der die Lippen Isajas mit einer glühenden Kohle reinigt (rechts oben); Ezechiel, der Christus durch das geschlossene Tor Jerusalems kommen sieht (links unten) und den Traum der Himmelsleiter Jakobs in Bethel (rechts unten). Das Fest der Gottesmutter des brennenden, nicht verbrennenden Dornbusches wird am 4. September gefeiert. Dabei wird der Text des Hymnendichters und Marienverehrers Ephraims des Syrers gesungen: „Ebenso, wie der Dornbusch brannte, aber nicht verbrannt wurde, bist du Jungfrau geblieben, o heilige Gottesgebärerin."

Gottesmutter des brennenden, nicht verbrennenden Dornbusches
Neopalimaja Kupina
Russland, 18. Jahrhundert
31 x 26,5 cm

Die Ikone der Gottesmutter „Nie welkende Rose" bekrönt eine große Gruppe auserwählter Heiliger. Links und rechts auf der Ikone sind Vertreter verschiedener Gruppen von Heiligen wiedergegeben. In der Mitte ist Johannes der Vorläufer mit erhobenen Flügeln abgebildet. Über seinem Haupt ist der in ein weißes Gewand gehüllte Schutzengel zu sehen.

Die Gottesmutter wird von zwei Engeln flankiert. Auf ihrem Arm trägt sie das stehende Christuskind, das mit einem königlichen Gewand bekleidet ist. Auch die Gottesmutter ist als Himmelskönigin mit einer Krone auf dem Haupt bildlich dargestellt. Der Blumenzweig, den sie in ihrer linken Hand hält, verweist auf einen Text aus dem Akathistos-Hymnus. Hierin wird sie als Weinstock der unverwelklichen Rebe, als nie welkende Blume, als Krone der Stärke angeführt und gepriesen. Die Gottesgebärerin hat ein Kind empfangen, ohne dass sie ihre Reinheit verloren hat, und so wird die Blume auch nicht verwelken und ihre Schönheit behalten. Die Ikonographie des Schutzengels stammt aus dem Westen. Vor dem 18. Jahrhundert sind Ikonen mit dem Schutzengel denn auch äußerst selten. Sowohl im Alten als auch im Neuen Testament sind Texte zu finden, die auf die schützende Funktion von Engeln hindeuten. So steht in Psalm 91, dass Gott seinen Engeln befehlen wird, einen jeden auf seinem Wege zu bewahren. Und im Matthäusevangelium (Kapitel 18,20) sagt Christus durch den Evangelisten: „Seht zu, dass ihr keines von diesen Kleinen verachtet; denn ich sage euch: Ihre Engel schauen im Himmel immerfort das Angesicht meines Vaters, der im Himmel ist."

Der Schutzengel hat keinen Namen und wird dementsprechend lediglich mit dem einzelnen Wort Schutzengel bezeichnet. Das Gewand des Engels unterscheidet sich von dem aller anderen Engel. Er ist mit einem hellfarbigen Gewand bekleidet, meist weiß oder hellrosa mit hellblau. Auch die Attribute unterscheiden sich von denen der Erzengel und Engel. Der Schutzengel trägt ein Kreuz als Zeichen des Glaubens und als Zeichen der Überwindung des Bösen. Er trägt ein Schwert in einer Scheide, womit er all das Schlechte, das auf den Pfad seines Schutzbefohlenen kommt, schlägt.

Das Fest der Gottesmutter „Nie welkende Rose" wird am 3. April gefeiert.

Gottesmutter
Nie welkende Rose
Neuvjadaemyj Cvet
Russland, um 1800
54 x 54,5 cm

Gottesmutter Segen schenkender Himmel
Blagodatnoje Nebo
Russland, 19. Jahrhundert
31 x 26,5 cm

Diese Ikone zeigt die Gottesmutter in ganzer Figur mit dem Christuskind auf ihrem linken Arm. Beide sind gekrönt, und die Gottesmutter trägt auch ein Zepter als Zeichen ihres Himmelskönigtums. Auf dem Rand der Ikone steht geschrieben: „Ikone der Allheiligen Gottesmutter Segen schenkender Himmel". Der himmlische Charakter der Ikone wird durch die vier Seraphim in den Ecken und durch die Strahlen und Sterne zum Ausdruck gebracht, welche die Gottesmutter und das Kind umgeben.
Die ursprüngliche Ikone befindet sich in der Moskauer Erzengelkathedrale am Kreml auf der linken Seite der Königstüren der Ikonostase. Die Überlieferung berichtet, dass der Ikonentyp in Smolensk entstanden sei und dass Großfürstin Sophia Vitovtovnaja, die Tochter des litauischen Fürsten Vitovta, am Ende des 14. oder zu Beginn des 15. Jahrhunderts die Ikone nach Moskau gebracht habe, als sie in die Ehe mit Fürst Vasilij Dmitrievič getreten sei.
Das Fest der Gottesmutter Segen schenkender Himmel wird am 6. März und am Sonntag von Allerheiligen gefeiert.

Gottesmutter
des Schutzmantels
Pokrovitel'nica
Weißrussland/Ukraine,
19. Jahrhundert
37 x 31 cm

Unter dem Schutzmantel der Gottesmutter finden viele Personen aller Art Schutz: Die weltliche und die kirchliche Macht sind hier reichlich vertreten. Neben der Gottesmutter halten zwei Engel einen Diskos mit ihren Namenszeichen MP ΘY.

Die Ikone ist eine Variante der westlichen „Schutzmantelmadonna“, die besonders in jenen Teilen Westrusslands geliebt wurde, die unter polnischer Herrschaft standen. Auf dem Rand der Ikone sind vier Heilige dargestellt. Sie sind die Schutz- und Namensheiligen des Eigentümers oder Auftraggebers der Ikone. Links sind die Nonne Paraskovia (Paraskeve) und der Bischof Silvester dargestellt, rechts die Märtyrerin Akilinia und die Nonne Matrona.

Nicht allein der Stil, der Farbgebrauch und die zentrale ikonographische Darstellung deuten auf eine Herkunft im Grenzgebiet mit dem Westen hin; auch die Tatsache, dass Bischof Silvester darauf abgebildet ist, scheint darauf hinzuweisen. Silvester war ja schließlich während der Regierungszeit Konstantins des Großen Bischof von Rom.

Gottesmutter „Lindere meinen Schmerz"
Utoli moja pečali
Russland, 19. Jahrhundert
31 x 26,5 cm

Der Name dieser Abbildung ist einer Strophe aus dem Akathistos-Hymnus entlehnt. Charakteristisch für diesen Abbildungstyp ist, dass die Gottesmutter im Halbformat dargestellt ist. Ihre linke Hand legt sie auf die Beine des Christuskindes, das bei ihr auf dem Schoß liegt, ihre rechte Hand hält sie gegen ihre Schläfe. Diese Körperhaltung der Gottesmutter drückt Schmerz aus. Das Kind hält eine Schriftrolle hoch, auf welcher der Text „Gericht und gerechtes Gericht" steht. Das Fest der Gottesmutter „Lindere meinen Schmerz" wird am 25. Januar und 9. Oktober gefeiert.

Gottesmutter von Achtyrka
Achtyrskaja
Russland, 1848
45 x 36 cm

In der Mitte die Gottesmutter, die, ihre Hände vor die Brust haltend, im Gebet nach unten blickt. Auffällig ist, dass ihr Haupt unbedeckt ist. Die Figur der Gottesmutter wird rechts unten durch den Berg Golgotha mit dem gekreuzigten Christus dem Blick entzogen. Das Zentrum der Ikone ist über eine Leiste gesetzt, die ebenfalls bemalt ist. Ganz oben, in einem Wolkenstreifen, ist Gott der Vater (der Herr Sabaoth) abgebildet, der seine Hand segnend erhebt. In den Ecken sind die vier Evangelisten abgebildet. Neben der zentralen Gottesmutterdarstellung stehen zwei Randheilige, darunter links Johannes der Vorläufer. Von dem anderen Heiligen, einem Bischof, ist der Name nicht mehr zu lesen. Das Fest der Gottesmutter Achtyrskaja wird am 2. Juli gefeiert.

Der Text auf der Ikone gibt den Auftrag und die Datierung an: „Im Jahre 1846 im Monat Dezember auf dem 20. Tag ist diese heilige Ikone durch Athanasij Ni (möglicherweise eine Abkürzung für Nikolaevič) Gilčin von Herzen vollendet worden."

Gottesmutter des Gesprächs
Besednaja
Zentralrussland, zweite Hälfte 16. Jahrhundert
32 x 26,5 cm

Seltener Abbildungstyp der Gottesmutter, der auf der Erscheinung der Gottesmutter und des heiligen Nikolaus an den Küster Juriš basiert. Die Überschrift erwähnt die Geschichte, dass Juriš im Garten des Nikolausklosters in Tichvin bei der Arbeit war, als die Gottesmutter und Nikolaus ihm erschienen. Die Gottesmutter erteilte Juriš den Auftrag, die eisernen Kreuze auf den Kuppeln des Klosters durch Holzkreuze zu ersetzen, weil auch Christus an einem Holzkreuz gestorben sei. Die Abbildung folgt der charakteristischen Ikonographie der Besednaja: Der Küster Juriš kniet im Klostergarten vor der Gottesmutter nieder, die ihn unterweist. Buchstäblich bedeutet das Wort „Beseda“ vertrauliches Gespräch. Die Gottesmutter sitzt auf dem Stamm eines gekrümmten Baumes und hat die Hände vor ihrem Schoß auseinander gefaltet. Sie bietet dem Küster den Baumstock an, aus dem er Holzkreuze anfertigen kann. Hinter Juriš steht der heilige Nikolaus, der Beschützer des Küsters. Er hat seine Hände leicht emporgehoben und blickt voller Ehrfurcht auf die Szene. Oben in der Mitte, in einem Wolkenstreifen und von einer Mandorla umgeben, ist Christus Immanuel, der präexistente Sohn Gottes, abgebildet. Das Fest der Gottesmutter Besednaja wird am 14. August gefeiert.

Seite	Ikone	Herkunft	Datierung
26	Aleksander Nevskij	Russland	19. Jahrhundert
28	Mandylion	Russland	18. Jahrhundert
30	Grimmiges Auge	Russland	17. Jahrhundert
32	Christus Pantokrator	Russland	17. Jahrhundert
34	Deesis	Russland	18. Jahrhundert
36	Christus, der König der Könige und Hoherpriester	Ural	17. Jahrhundert
38	Christus, der Gute Hirte	Russland	18. Jahrhundert
40	Dreifaltigkeit des Alten Testaments	Russland	um 1700
42	Vaterschaft	Russland	um 1700
44	Dreifaltigkeit des Neuen Testaments	Russland	17. Jahrhundert
46	Zwei Seitenflügel aus einem Triptychon	Äthiopien	um 1800
48	Der eingeborene Sohn und das Wort Gottes	Russland	18. Jahrhundert
50	Die Weisheit Gottes	Russland	18. Jahrhundert
52	Christus, Engel des Seligen Schweigens	Russland	19. Jahrhundert
54	Erzengel Michael und Gabriel	Russland	18. Jahrhundert
56	Erzengel Michael	Russland	18. Jahrhundert
58	Erzengel Gabriel	Russland	Ende des 19. Jahrhunderts
60	Erweiterte Festtagsikone	Russland	17. Jahrhundert
62	Geburt der Gottesmutter	Russland	um 1800
64	Einzug der Gottesmutter in den Tempel	Russland	um 1800
66	Verkündigung an die Gottesmutter	Russland	17. Jahrhundert
68	Geburt Christi	Russland	16. Jahrhundert
70	Geburt Christi	Russland	19. Jahrhundert
72	Taufe Christi im Jordan	Russland	17. Jahrhundert
74	Verklärung Christi auf dem Berg Tabor	Russland	17. Jahrhundert
76	Auferweckung des Lazarus	Russland	17. Jahrhundert
78	Einzug Christi in Jerusalem	Russland	17. Jahrhundert
80	Das Letzte Abendmahl	Russland	um 1700
82	Die Kreuzigung Christi	Russland	18. Jahrhundert
84	Anastasis (Auferstehung)	Russland	um 1600
86	Die Myrrhe tragende Frau beim Grab Christi	Russland	17. Jahrhundert
88	Die Himmelfahrt Christi	Russland	17. Jahrhundert
90	Entschlafung der Gottesmutter	Russland	18. Jahrhundert
92	Die Enthauptung Johannes' des Vorläufers	Russland	um 1700
94	Himmelfahrt des Propheten Elias im feurigen Wagen	Russland	um 1700
96	Pokrov der Gottesmutter	Russland	16. Jahrhundert
98	Erweiterte Festtagsikone	Russland	18. Jahrhundert
100	Das Jüngste Gericht	Russland	18. Jahrhundert
102	Die Könige David und Salomo	Russland	17. Jahrhundert
104	Der Prophet Elias mit Vita	Russland	17. Jahrhundert
106	Der Prophet Elisäus	Russland	Mitte des 17. Jahrhunderts
108	Der Prophet Micha	Russland	19. Jahrhundert
110	Der Prophet Isaias	Russland	17. Jahrhundert
112	Zacharias	Russland	um 1700
114	Johannes der Vorläufer	Russland	Zweite Hälfte des 17. Jahrhunderts
116	Johannes der Vorläufer	Rumänien	17. Jahrhundert
118	Der Apostel Matthäus	Russland	17. Jahrhundert
120	Der Apostel Johannes	Russland	17. Jahrhundert
122	Königstüren	Russland	18. Jahrhundert
124	Johannes der Theologe im Stillschweigen	Russland	18. Jahrhundert

126	Johannes der Apostel und Evangelist	Russland	17. Jahrhundert
128	Die zwölf Apostel	Griechische Inseln	18. Jahrhundert
130	Synaxis der zwölf Apostel	Griechenland	1865
132	Der Apostel Johannes und Johannes der Soldat	Russland	17. Jahrhundert
134	Georg der Drachentöter	Russland	18. Jahrhundert
136	Fünf Heilige	Russland	um 1500
138	Julitta und Kirik mit Vita	Russland	19. Jahrhundert
140	Nikolaus	Russland	um 1700
142	Nikolaus von Možajsk	Russland	17. Jahrhundert
144	Nikolaus von der Tür	Russland	1821
146	Laurentius	Russland	19. Jahrhundert
148	Die drei byzantinischen Hierarchen	Russland	18. Jahrhundert
150	Peter, der Metropolit von Moskau	Russland	19. Jahrhundert
152	Zosima und Savvatij	Russland	18. Jahrhundert
154	Aleksander Svirskij	Russland	um 1800
156	Fürstin und Nonne Anna Kašinskaja	Russland	18. Jahrhundert
158	Ikonostasenikone	Russland	19. Jahrhundert
160	Reiseikonostase	Russland	19. Jahrhundert
162	Ikonostasenwand	Russland	um 1600
164	Jahresikone	Russland	19. Jahrhundert
166	Gottesmutter aus einer Deesis	Russland	Zweite Hälfte des 16. Jahrhunderts
168	Gottesmutter Hodegetria von Smolensk	Russland	17. Jahrhundert
170	Gottesmutter von Jerusalem	Russland	17. Jahrhundert
172	Gottesmutter von Tichvin	Russland	um 1800
174	Gottesmutter der Passion	Russland	17. Jahrhundert
176	Gottesmutter mit den drei Händen	Russland	19. Jahrhundert
178	Gottesmutter von Kazan	Russland	17. Jahrhundert
180	Vita-Ikone der Gottesmutter von Kazan	Russland	19. Jahrhundert
182	Himmelskönigin und König der Könige	Russland	18. Jahrhundert
184	Gottesmutter des Höhlenklosters in Kiev	Russland	18. Jahrhundert
186	Gottesmutter des Zeichens von Novgorod	Russland	um 1700
188	Gottesmutter des Zeichens von Kursk „von der Wurzel"	Russland	um 1800
190	Gottesmutter von Vladimir	Russland	um 1800
192	Gottesmutter von Feodor	Russland	19. Jahrhundert
194	Gottesmutter von Feodor mit Vita	Russland	um 1800
196	Gottesmutter der Zärtlichkeit	Russland	19. Jahrhundert
198	Gottesmutter „Linderung der Not der Leidenden"	Russland	18. Jahrhundert
200	Gottesmutter Pelagonitissa	Russland	19. Jahrhundert
202	Gottesmutter von Kykkos	Russland	18. Jahrhundert
204	Gottesmutter vom Dnjepr	Russland	19. Jahrhundert
206	Gottesmutter Leben schenkende Quelle	Russland	18. Jahrhundert
208	Gottesmutter vom Akathistos-Hymnus	Russland	19. Jahrhundert
210	Gottesmutter vom Hymnus „O allbesungene Jungfrau"	Russland	18. Jahrhundert
212	Gottesmutter vom brennenden, nicht verbrennenden Dornbusch	Russland	18. Jahrhundert
214	Gottesmutter „Nicht welkende Rose"	Russland	um 1800
216	Gottesmutter Segen schenkender Himmel	Russland	19. Jahrhundert
218	Gottesmutter vom Schutzmantel	Weißrussland	19. Jahrhundert
220	Gottesmutter „Lindere meinen Schmerz"	Russland	19. Jahrhundert
222	Gottesmutter von Achtyrka	Russland	1848
224	Gottesmutter vom Gespräch	Zentralrussland	Zweite Hälfte des 16. Jahrhunderts

Sämtliche Bibelzitate in der deutschen Ausgabe sind, sofern nicht anders angegeben, der so genannten Pattloch-Bibel (DIE HEILIGE SCHRIFT DES ALTEN UND NEUEN TESTAMENTES nach den Grundtexten übersetzt und herausgegeben von Vinzenz Hamp/Meinrad Stenzel/Josef Kürzinger, München 1994, Sonderausgabe Augsburg/München 2005) entnommen und der geltenden Rechtschreibung angeglichen worden. Auch bei der Schreibweise der biblischen Namen war diese Bibelübersetzung in aller Regel maßgeblich.